AmsTramGrammes

Sophies
Winterdesserts

Im Gerstenberg Verlag bereits erschienen:

Sophies Cakes
Sophies Tartes, Quiches und Salate
Ducasse ganz einfach dank Sophie
Sophies Buffets
Sophies Marmeladen & Kompotte
Sophies Grillfeste
Sophies Gourmet-Haschees
Sophies Suppen

Die Originalausgabe erschien unter dem Titel
Les desserts d'hiver de Sophie

Satz: typocepta, Wilhelm Schäfer, Köln
Printed in China

www.gerstenberg-verlag.de

ISBN 978-3-8369-2593-8

Sophie Dudemaine

Sophies Winterdesserts

Genuss nach Lust und Laune: klassisch oder kalorienbewusst

Fotos von
Françoise Nicol

Food Styling von
Catherine Madani

Aus dem Französischen von
Ingrid Ickler

GERSTENBERG

Inhalt

Sophies Ratschläge

Grundrezepte

Kleine Leckereien

Schokoladenträume

Fruchtige Köstlichkeiten

Eiskalt genießen

Mamans Lieblingsdesserts

Die Klassiker

klassisch   kalorienbewusst

Sophies Ratschläge

»Warum ein Buch über Desserts? Zum einen haben mich meine Kochschüler dazu ermuntert, zum anderen habe ich mich vom ewig jungen Konflikt zwischen Genuss und schlanker Linie inspirieren lassen. Bei den einzelnen Rezepten haben Sie die Wahl: klassisch oder kalorienbewusst.
Auch wer auf den Cholesterinspiegel achten muss oder an Diabetes leidet, darf die leichten Dessertvarianten genießen, ohne ein schlechtes Gewissen zu haben.
Ehe ich es vergesse: Dieses Buch ist keine Diät-Anleitung, entsprechend wünsche ich Ihnen »Guten Appetit«!

Die Küchengeräte

Ich werde häufig gefragt, welche Küchengeräte ich bei der Zubereitung meiner Rezepte benutze. Meine Devise ist: Klasse statt Masse. Sie werden sehen, dass sich hochwertige Qualität bezahlt macht. Ich teste deshalb nicht nur die Zutaten, sondern auch die handelsüblichen Küchengeräte, um herauszufinden, ob es sich lediglich um Schnickschnack handelt oder ob sie wirklich unverzichtbar sind. Vor allem geht es mir darum, ob sie Ihnen helfen, Zeit zu sparen, und ob sie dazu beitragen, Kochen nicht als lästige Pflicht, sondern als Vergnügen zu sehen – schließlich soll es Ihnen Spaß machen! Ein Tipp noch zu den Küchengeräten: Vergleichen Sie die Preise!

Das Gebäck in diesem Buch wird grundsätzlich bei Umluft auf einem Kuchengitter auf der mittleren Schiene gebacken, es sei denn, das Rezept gibt etwas anderes an. Aber Vorsicht: Nicht alle Backöfen sind gleich, daher kann die Backzeit variieren! Überprüfen Sie beim ersten Mal unbedingt, wie lange Ihr Kuchen wirklich braucht, bis er durchgebacken ist.

Backformen

Seit einigen Jahren findet man im Handel überaus praktische Backformen aus Silikon, die man in den Gefrierschrank stellen kann und die sich sowohl für den herkömmlichen Backofen als auch für die Mikrowelle eignen. Sie sind leicht zu pflegen und müssen nicht eingefettet werden. Beim Kauf sollten Sie allerdings den etwas teureren Produkten den Vorzug geben, da sie in der Regel qualitativ hochwertiger sind als die vermeintlich preiswerteren.

Probieren Sie doch einmal, mit Backformen in unterschiedlichen Größen und Arten zu improvisieren. Denken Sie dabei auch an Gläser, Pokale oder kleine Auflaufformen, in denen sich Desserts portionsweise zubereiten und servieren lassen. Diese kleinen Förmchen haben den Vorteil, dass empfindliche Speisen nicht umgefüllt werden müssen. Wie Sie auf den Fotos sehen werden, habe ich für das eine oder andere Rezept anstelle von runden Formen Rechtecke oder Herzen gewählt.

Die Küchenwaage

Es gibt nichts Lästigeres, als Zentiliter in Milliliter umzurechnen oder nach einem Messbecher zu suchen, dessen Einteilung mit den Mengenangaben im Rezept übereinstimmt. Ich habe dieses Problem mit einer elektronischen Küchenwaage gelöst, die Flüssigkeitsmengen in Millilitern und Zentilitern anzeigt, so dass ich mir über die Umrechnung nicht mehr den Kopf zerbrechen muss. Lassen Sie sich doch eine elektronische Waage schenken oder kaufen Sie sich diese wertvolle Küchenhilfe selbst!

Die Küchenmaschine

Natürlich gelingen alle Rezepte auch mit einem Schneebesen und einer Schüssel, doch wie viel schneller und einfacher geht es mit einer Küchenmaschine! Sie kann einfach alles und wird Ihnen über Jahre hinweg eine wertvolle Hilfe sein. Ein absolutes Muss!

Der Mixer

Ein Mixer ist einfach ideal für die Zubereitung von Suppen, glatten Teigen, Pürees, Fruchtsäften, Milchshakes...

Das Kuchengitter

Ein Kuchengitter ist unverzichtbar, um aus der Form gestürztes Gebäck auskühlen zu lassen.

Der Tortenheber

Ein großer runder Tortenheber ist ideal für den sicheren Transport Ihrer Kuchen und Torten.

Die Silikonbackmatte

Mit Hilfe einer Silikonbackmatte lassen sich Speisen direkt auf dem Backblech backen oder erhitzen. Sie benötigen kein Backpapier mehr, und die Speisen bleiben nicht mehr haften.

Der Schlagsahnebereiter

Dank dieses Geräts müssen Sie Sahne nicht mehr mit dem Handmixer schlagen und machen sie überdies länger haltbar. Gießen Sie einfach die flüssige Sahne in den Siphon – und wie von Zauberhand ist die Schlagsahne fertig. Denken Sie daran, die passenden Kartuschen mitzubestellen!

Der Spritzbeutel mit verschiedenen Tüllen

Ein Spritzbeutel ist ideal zum Dekorieren von Kuchen und Torten, zum Verzieren von Petits Fours, Éclairs*... oder um Zutaten schichtweise in Gläser zu füllen. Verwenden Sie am besten einen Spritzbeutel aus Nylon.

Das digitale Küchenthermometer

Ein digitales Küchenthermometer ist ideal zum Kochen von Zucker oder um die Temperatur von Schokolade zu messen (wenn Sie Schokolade schmelzen und anschließend eine Zutat wie z. B. Eigelb unterrühren wollen, muss die Schokolade eine Temperatur von 45 °C haben).

Das Mikrowellengeschirr

Um Speisen in der Mikrowelle aufzuwärmen und zu garen, gibt es nichts Besseres als dieses unverwüstliche Geschirr. Schaffen Sie sich am besten eine Schüssel mit Deckel an, und achten Sie auf gute Qualität.

Hilfreich sind darüber hinaus

ein Sparschäler, ein Zestenreißer, ein Schneebesen, ein Backpinsel, ein Teigschaber (am besten aus Silikon), ein Nudelholz, ein Holzkochlöffel, Mousse- oder Dessertringe, ein Puderzuckerstreuer, ein Küchenbrett aus Plastik, ein Pfannenwender, eine Schöpfkelle, ein Spitz- oder Haarsieb, ein Kurzzeitmesser, eine Zitronenpresse, ein Eiertrenner, ein Küchenmesser, Ausstechförmchen, ein Flambierbrenner für die Crème brûlée und – nicht zu vergessen – eine Salat- oder Schlagschüssel sowie Töpfe und Pfannen in verschiedenen Größen.

Zum Schmelzen von Butter oder Schokolade oder zum Erwärmen von Milch benutze ich die Mikrowelle, zum Garen meiner Speisen – auch auf zwei Ebenen – einen Multifunktionsherd, der über eine versenkbare Backofentür verfügt. Eiscreme und Sorbets bereite ich mit einer Eismaschine zu.

Die Zutaten

Im Folgenden eine Auswahl der von mir bevorzugten Produkte:

Süßstoff

Im Handel finden Sie eine reichhaltige Auswahl an Süßstoffen. Da meiner Meinung nach Süßstoff in Pulverform leichter zu dosieren ist und in der Textur dem Zucker näher kommt, verzichte ich auf flüssigen Süßstoff.
Bei den leichten Rezeptvarianten habe ich, wenn möglich, Zucker durch Süßstoff ersetzt. Als Kompromiss können Sie aber auch jeweils zur Hälfte Zucker und Süßstoff verwenden, wodurch vor allem bei Gebäck mit Biskuitteig wie Financiers* oder Shortbread die Struktur dem Originalrezept näher kommt.
Zerstoßene Süßstofftabletten verwende ich nur für Quarkspeisen oder Joghurts, zum Backen sind sie nicht geeignet.

Butter

Halbfettbutter hat üblicherweise 40 % Fett, gegenüber 80 % Fett bei herkömmlicher Butter. Im Handel sind beide Sorten als Süßrahmbutter oder leicht gesalzen erhältlich. Vergewissern Sie sich, dass die Halbfettbutter zum Backen geeignet ist!
Wenn in meinen Rezepten häufig leicht gesalzene Butter als Zutat auftaucht, liegt das daran, dass sie mir besser schmeckt. Sie können aber natürlich auch Süßrahmbutter verwenden oder zu Margarine greifen, sollten jedoch immer auf Qualität achten.

Milchprodukte

Für die kalorienreduzierten Rezepte können Sie natürlich entrahmte Milch mit 0,5 % Fett verwenden, aber ich rate Ihnen zu der Variante mit 1,5 % Fett, da sie schmackhafter und der Kalorienunterschied nicht allzu groß ist.
Gleiches gilt für Petit Suisse*, Joghurt und Quark: All diese Produkte gibt es auch fast fettfrei, aber genauso gut können Sie sie mit 20 % Fett verwenden. Entscheiden Sie selbst!

Crème fraîche und Sahne

Neben der klassischen Crème fraîche finden Sie im Kühlregal auch eine Variante mit nur 15 % Fett. Sauerrahm ist sowohl mit 24 % Fett als auch mit 10 % Fett erhältlich.
Die gebrauchsfertige Sprühsahne gibt es ebenfalls als kalorienreduzierte Variante, die weniger Zucker als die handelsübliche enthält.
Wenn Sie das Rezept auf klassische Weise zubereiten, geht nichts über Milchprodukte aus dem Glas.
Achtung: Wenn Sie die Sahne selbst steifschlagen möchten, sollte sie mindestens 30 % Fett enthalten.

Mehl

Für alle Rezepte mit Backpulver verwende ich ein Mehl, das bereits Backtriebmittel enthält. So gibt es keine Probleme mit dem Dosieren des Backpulvers, das man auf diese Weise auch nicht vergessen kann. Selbstverständlich lässt sich auch jedes andere Mehl verwenden und das Backpulver selbst untermischen. Für meine Desserts bevorzuge ich glattes Mehl.
Da Speisestärke ähnlich kalorienhaltig ist wie Weizenmehl, habe ich die Mehlmenge in den kalorienbewussten Rezepten nicht verändert. Wenn Sie mögen, können Sie jedoch die Hälfte des Mehls durch Speisestärke ersetzen, um einen noch lockereren Teig zu erhalten.

Eier

Ich bevorzuge mittelgroße Eier der Größe M (53–62 g).

Schokolade

Ich verwende in meinen Rezepten keine Diät-Schokolade, da das Weniger an Zucker durch ein Mehr an Fett aufgewogen wird. Außerdem ist Schokolade eine Sünde wert, finde ich... Und so groß ist der Kalorienunterschied nun auch wieder nicht!
Am liebsten verwende ich Zartbitterschokolade (51 % Kakao) mit einem intensiven, aber keineswegs bitteren Aroma. Sie lässt sich leicht zerbrechen und schmilzt mit und ohne Wasser. Versuchen Sie es selbst!

Backhilfen

In der entsprechenden Abteilung eines gut sortierten Supermarktes sollten Sie alles finden, was Sie für Ihre Desserts benötigen.
Vanille gibt es als Aroma, als Schote, frisch gemahlen oder als fertiges Pulver. Denken Sie auch an natürliches Zitronen-, Orangen-, Bittermandel- oder Orangenblütenaroma zum Verfeinern Ihrer Desserts. Und vergessen Sie nicht Mandeln, Kokosraspeln, Walnusskerne, Schokoladensplitter, kandierte Früchte, Gelatine... Eine wahre Goldgrube!

Nun sind Sie an der Reihe! Sie haben die Wahl: klassisch oder kalorienbewusst – entscheiden Sie selbst!

180 g Mehl
90 g leicht gesalzene oder Süßrahmbutter
180 g Petit Suisse* (40 % Fett)

Das Mehl in einer Schüssel mit der kleingeschnittenen Butter und dem Frischkäse zu einem glatten Teig verarbeiten. Den Teig zu einer Kugel formen, in Frischhaltefolie einschlagen und mind. 2 Std. im Kühlschrank ruhen lassen. Den Teig etwa 15 Min. vor dem Ausrollen aus dem Kühlschrank nehmen, die Arbeitsfläche mit Mehl bestäuben und den Teig mit dem Nudelholz ausrollen. Knuspriger Mürbeteig eignet sich für alle salzigen und süßen Tartes in diesem Buch.

Knuspriger Mürbeteig

Für eine Tarteform von 28 cm Durchmesser

180 g Mehl
90 g leicht gesalzene oder Süßrahm-Halbfettbutter
180 g Petit Suisse* (20 % Fett)

Das Mehl in einer Schüssel mit der kleingeschnittenen Butter und dem Frischkäse zu einem glatten Teig verarbeiten. Den Teig zu einer Kugel formen, in Frischhaltefolie einschlagen und mind. 2 Std. im Kühlschrank ruhen lassen. Den Teig etwa 15 Min. vor dem Ausrollen aus dem Kühlschrank nehmen, die Arbeitsfläche mit Mehl bestäuben und den Teig mit dem Nudelholz ausrollen.

Sophies Tipp
Tragen Sie beim Teigkneten Einweghandschuhe.

250 g Mehl
125 g leicht gesalzene oder Süßrahm-Halbfettbutter
2 EL Süßstoffpulver
1 Ei

Das Mehl in einer Schüssel mit der kleingeschnittenen Butter, dem Süßstoff und dem Ei zu einem glatten Teig verarbeiten. Den Teig zu einer Kugel formen, in Frischhaltefolie einschlagen und mind. 2 Std. im Kühlschrank ruhen lassen.
Den Teig etwa 15 Min. vor dem Ausrollen aus dem Kühlschrank nehmen, die Arbeitsfläche mit Mehl bestäuben und den Teig mit dem Nudelholz ausrollen.

Sophies Tipp
Nehmen Sie die Butter rechtzeitig aus dem Kühlschrank!

Süßer Mürbeteig

Für eine Tarteform von 28 cm Durchmesser

250 g Mehl
125 g leicht gesalzene oder Süßrahmbutter
125 g Puderzucker
1 Ei

Das Mehl in einer Schüssel mit der kleingeschnittenen Butter, dem Puderzucker und dem Ei zu einem glatten Teig verarbeiten. Den Teig zu einer Kugel formen, in Frischhaltefolie einschlagen und mind. 2 Std. im Kühlschrank ruhen lassen.
Den Teig etwa 15 Min. vor dem Ausrollen aus dem Kühlschrank nehmen, die Arbeitsfläche mit Mehl bestäuben und den Teig mit dem Nudelholz ausrollen.

Sophies Tipp
Sie können den Teig auch einfrieren und später verwenden.

Brandteig

150 ml Wasser
100 ml Milch
100 g Butter
20 g feiner Streuzucker
1 Prise Salz
150 g feines Weizenmehl
4 Eier

Für 1 Silikonbackmatte oder Backpapier (40 x 50 cm)

Das Wasser, die Milch, die Butter, den Zucker und das Salz in einem Topf bei geringer Hitze zum Kochen bringen. Die Mischung nach dem Aufkochen vom Feuer nehmen, das Mehl auf einmal dazugeben und die Masse mit einem Holzkochlöffel gut verrühren. Den Topf wieder auf den Herd stellen und so lange weiterrühren, bis sich ein Teigkloß bildet, der nicht mehr am Topfboden oder am Kochlöffel haften bleibt. Den Teig in eine Schüssel geben und die Eier nacheinander unterrühren (2 Min. pro Ei).

Den Teig in einen Spritzbeutel füllen und in Portionen auf eine Silikonbackmatte spritzen: für Windbeutel walnussgroße Tupfen, für Éclairs* etwa 12 cm lange Streifen, für Religieuses* größere Häufchen (5 cm Durchmesser) für die Körper und walnussgroße für die Köpfe. Zwischen den Teighäufchen genügend Abstand lassen, damit sie sich beim Backen nicht berühren.

Das Gebäck im vorgeheizten Backofen bei 200 °C (Umluft 180 °C) und geschlossener Ofentür auf der unteren Schiene 20–30 Min. backen.

150 ml Wasser
100 ml Milch (1,5 % Fett)
100 g Halbfettbutter
2 EL Süßstoffpulver
1 Prise Salz
150 g feines Weizenmehl
4 Eier

Das Wasser, die Milch, die Butter, den Süßstoff und das Salz in einem Topf bei geringer Hitze zum Kochen bringen. Die Mischung nach dem Aufkochen vom Feuer nehmen, das Mehl auf einmal dazugeben und die Masse mit einem Holzkochlöffel gut verrühren. Den Topf wieder auf den Herd stellen und so lange weiterrühren, bis sich ein Teigkloß bildet, der nicht mehr am Topfboden oder am Kochlöffel haften bleibt. Den Teig in eine Schüssel geben und die Eier nacheinander unterrühren (2 Min. pro Ei).

Den Teig in einen Spritzbeutel füllen und in Portionen auf eine Silikonbackmatte spritzen: für Windbeutel walnussgroße Tupfen, für Éclairs* etwa 12 cm lange Streifen, für Religieuses* größere Häufchen (5 cm Durchmesser) für die Körper und walnussgroße für die Köpfe. Zwischen den Teighäufchen genügend Abstand lassen, damit sie sich beim Backen nicht berühren.

Das Gebäck im vorgeheizten Backofen bei 200 °C (Umluft 180 °C) und geschlossener Ofentür auf der unteren Schiene 20–30 Min. backen.

Sophies Tipp

Brandteig lässt sich wunderbar in der Küchenmaschine zubereiten.

200 g Puderzucker
1 Eiweiß
1/2 TL Zitronensaft

Den Puderzucker durch ein feines Sieb in eine Schüssel sieben. Das Eiweiß leicht schlagen, zum Puderzucker geben und die Mischung mit einem Schneebesen kräftig verrühren. Den Zitronensaft hinzufügen und alles gut verquirlen. Die Glasur auf den Kuchen Ihrer Wahl geben und fest werden lassen.

Zuckerguss

Für 200 g Zuckerguss

Sophies Tipps

Mit Hilfe von Lebensmittelfarbe aus dem Supermarkt können Sie bunte Glasuren herstellen. Ebenso gut eignen sich dafür natürliche Farbstoffe wie Karottensaft, Rote-Bete-Saft oder Fruchtsirup. Geben Sie den jeweiligen Farbstoff vorsichtig zur Zuckerlösung, bis der gewünschte Farbton erreicht ist.
Im Kühlschrank ist Zuckerguss etwa 1 Woche haltbar. Decken Sie das Behältnis mit einem feuchten Tuch ab, damit sich keine Kruste bildet.
Eine Variante für Kalorienbewusste gibt es an dieser Stelle nicht, da sich Zuckerguss nicht mit Süßstoff zubereiten lässt.

500 ml Milch
1 TL gemahlene Vanille
6 Eigelb
125 g feiner Streuzucker

Englische Creme

Für 10 Portionen

Die Milch in einem Topf mit der Vanille aufkochen. Die Eigelbe in einer Schüssel kräftig mit dem Zucker verrühren, bis sich die Masse weiß färbt. Die Vanillemilch nach und nach unterschlagen und die Mischung bei geringer Hitze unter ständigem Rühren mit einem Holzkochlöffel noch einmal erwärmen (Sie darf nicht kochen!).
Die Creme vom Feuer nehmen, sobald der Schaum verschwunden ist. Die Englische Creme in eine Schüssel gießen und während des Abkühlens gelegentlich umrühren.

Sophies Tipp

Wenn die Creme zu gerinnen droht, geben Sie 1 Eiswürfel dazu und pürieren Sie sie 2 Min. lang.

500 ml Milch (1,5 % Fett)
1 Vanilleschote, aufgeschlitzt
6 Eigelb
4 EL Süßstoffpulver

Die Milch in einem Topf mit dem Vanillemark aufkochen.
Die Eigelbe in einer Schüssel kräftig mit dem Süßstoff verrühren, bis sich die Masse weiß färbt. Die Vanillemilch nach und nach unterschlagen und die Mischung nach Entfernen der Vanilleschote bei geringer Hitze unter ständigem Rühren mit einem Holzkochlöffel noch einmal erwärmen (Sie darf nicht kochen!).
Die Creme vom Feuer nehmen, sobald der Schaum verschwunden ist. Die Englische Creme in eine Schüssel gießen und während des Abkühlens gelegentlich umrühren.

Sophies Tipp

Will die Englische Creme nicht gelingen, geben Sie 1 TL Speisestärke in die Eigelb-Zucker-Mischung.

Crème Mousseline

Für 700 g Creme

500 ml Milch
1 TL gemahlene Vanille
20 g Zucker
1 Ei
4 Eigelb
1 EL Mehl
3 EL Speisestärke
120 g Butter

Die Milch in einem Topf mit der Vanille aufkochen. In der Zwischenzeit den Zucker in einer Schüssel mit dem Ei und den Eigelben schaumig schlagen, dann das Mehl und die Speisestärke untermischen.
Die heiße Milch in die Schüssel gießen und mit dem Schneebesen verrühren, bis eine homogene Masse entsteht. Die Mischung in den Topf zurückgießen und bei mittlerer Hitze so lange rühren, bis sie eindickt.
Die Temperatur reduzieren und die Creme unter ständigem Rühren 1 Min. köcheln lassen. Den Topf vom Feuer nehmen und die Hälfte der kleingeschnittenen Butter einrühren.
Die Crème Mousseline abkühlen lassen, die restliche Butter hinzufügen und verrühren.

500 ml Milch (1,5 % Fett)
1 TL natürliches Vanillearoma
3 EL Süßstoffpulver
1 Ei
4 Eigelb
1 EL Mehl
3 EL Speisestärke
120 g Halbfettbutter

Die Milch in einem Topf mit der Vanille aufkochen. In der Zwischenzeit den Süßstoff in einer Schüssel mit dem Ei und den Eigelben schaumig schlagen, dann das Mehl und die Speisestärke untermischen.
Die heiße Milch in die Schüssel gießen und mit dem Schneebesen verrühren, bis eine homogene Masse entsteht. Die Mischung in den Topf zurückgießen und bei mittlerer Hitze so lange rühren, bis sie eindickt.
Die Temperatur reduzieren und die Creme unter ständigem Rühren 1 Min. köcheln lassen. Den Topf vom Feuer nehmen und die Hälfte der kleingeschnittenen Butter einrühren.
Die Crème Mousseline abkühlen lassen, die restliche Butter hinzufügen und verrühren.

Crème légère

Für 700 g Creme

500 ml Milch
1 TL gemahlene Vanille oder natürliches Vanillearoma
5 Eigelb
40 g feiner Streuzucker
2 EL Mehl
1 EL Speisestärke
20 g Butter
200 g Süße Schlagsahne (s. rechts) oder 200 g Sprühsahne

Die Milch in einem Topf mit der Vanille aufkochen. In der Zwischenzeit die Eigelbe in einer Schüssel mit dem Zucker schaumig schlagen, dann das Mehl und die Speisestärke untermischen. Die heiße Milch in die Schüssel gießen und mit dem Schneebesen verrühren, bis eine glatte Creme entsteht.
Die Mischung in den Topf zurückgießen und bei mittlerer Hitze aufkochen lassen. Die Temperatur reduzieren und die Masse unter ständigem Rühren 1 Min. köcheln lassen. Den Topf vom Feuer nehmen, die Butter unterrühren und die Creme abkühlen lassen. Die Schlagsahne mit einem Teigschaber unter die Creme heben.

Sophies Tipp

Aromatisieren Sie die Crème légère mit 1 EL Rum oder Grand Marnier, bevor Sie die heiße Milch hinzufügen.

500 ml Milch (1,5 % Fett)
1 Vanilleschote, aufgeschlitzt
5 Eigelb
3 EL Süßstoffpulver
2 EL Mehl
1 EL Speisestärke
20 g Halbfettbutter
200 g Süße Schlagsahne (Seite 15) oder 200 g kalorienreduzierte Sprühsahne

Die Milch in einem Topf mit dem Vanillemark aufkochen. In der Zwischenzeit die Eigelbe in einer Schüssel mit dem Süßstoff schaumig schlagen, dann das Mehl und die Speisestärke untermischen. Die heiße Milch in die Schüssel gießen und mit dem Schneebesen verrühren, bis eine glatte Creme entsteht.
Die Mischung in den Topf zurückgießen und bei mittlerer Hitze aufkochen lassen. Die Temperatur reduzieren und die Masse unter ständigem Rühren 1 Min. köcheln lassen. Den Topf vom Feuer nehmen, die Butter einrühren und die Creme abkühlen lassen. Die Schlagsahne mit einem Teigschaber unter die Creme heben.

Sophies Tipp

Achtung: Die Creme muss ganz auskühlen, ehe Sie die Sahne unterheben!

300 g eiskalte Sahne
50 g Puderzucker

Die Sahne mit dem Puderzucker in eine gut gekühlte Schüssel geben und mit dem Schneebesen oder dem Handmixer schlagen, bis sie steif ist (Schlagen Sie die Sahne nicht zu lange, damit sie nicht zu Butter wird!)

Sophies Tipp

Anstelle der selbst gemachten Schlagsahne können Sie auch die im Handel angebotene Sprühsahne verwenden..

500 ml Milch
1 TL gemahlene Vanille oder natürliches Vanillearoma
60 g feiner Streuzucker
5 Eigelb
2 EL Mehl
1 EL Speisestärke
20 g Butter

Die Milch in einem Topf mit der Vanille aufkochen. In der Zwischenzeit den Zucker in einer Schüssel mit den Eigelben schaumig schlagen, dann das Mehl und die Speisestärke untermischen. Die heiße Milch in die Schüssel gießen und mit dem Schneebesen verrühren, bis eine homogene Masse entsteht.
Die Mischung in den Topf zurückgießen und unter Rühren bei mittlerer Hitze aufkochen lassen. Dabei regelmäßig rühren, bis sie eindickt. Die Temperatur reduzieren und die Masse unter ständigem Rühren 1 Min. köcheln lassen. Den Topf vom Feuer nehmen und die Butter untermengen. Die Konditorcreme abkühlen lassen und dabei gelegentlich umrühren.

Sophies Tipp
Bestreuen Sie die Konditorcreme mit Puderzucker, damit sich keine Haut bildet.

Süße Schlagsahne

Für 300 g Schlagsahne

300 g eiskalte fettarme Sahne
2 EL Süßstoffpulver

Die Sahne mit dem Süßstoff in eine gut gekühlte Schüssel geben und mit dem Schneebesen oder dem Handmixer schlagen, bis sie steif ist (Schlagen Sie die Sahne nicht zu lange, damit sie nicht zu Butter wird!).

Konditorcreme

Für 600 g Creme

500 ml Milch (1,5 % Fett)
1 Vanilleschote, aufgeschlitzt
3 EL Süßstoffpulver
5 Eigelb
2 EL Mehl
1 EL Speisestärke
20 g Halbfettbutter

Die Milch in einem Topf mit dem Vanillemark aufkochen.
In der Zwischenzeit den Süßstoff in einer Schüssel mit den Eigelben schaumig schlagen, dann das Mehl und die Speisestärke untermischen. Die heiße Milch in die Schüssel gießen und mit dem Schneebesen unterrühren, bis eine homogene Masse entsteht.
Die Mischung in den Topf zurückgießen und bei mittlerer Hitze unter Rühren aufkochen, bis sie eindickt. Die Temperatur reduzieren und die Masse unter ständigem Rühren 1 Min. köcheln lassen. Den Topf vom Feuer nehmen und die Butter untermengen. Die Konditorcreme abkühlen lassen und dabei gelegentlich umrühren.

Kleine Leckereien

klassisch   kalorienbewusst

MON MOULIN
Farine de blé
type 45

Madeleines*

Für 16 Stück

2 Eier
130 g feiner Streuzucker
130 g weiche Butter
130 g Mehl
1/2 Päckchen Backpulver
Fett und Mehl für die Form

Die Eier, den Zucker, die Butter, das Mehl und das Backpulver in einer Schüssel mit einem Schneebesen verrühren.
Sofern Sie keine Madeleineform aus Silikon verwenden, die Backform einfetten und mit Mehl bestäuben. Mit einem Esslöffel oder einem Spritzbeutel jede Vertiefung der Form zur Hälfte mit Teig füllen.
Die Madeleines im vorgeheizten Backofen bei 240 °C (Umluft 220 °C) 4 Min. backen, dann die Temperatur auf 200 °C (Umluft 180 °C) reduzieren und das Gebäck etwa 4 Min. fertigbacken.

Sophies Tipp
Bereiten Sie den Madeleineteig im Voraus zu und frieren Sie ihn in der Form ein.

3 Eier
50 g feiner Streuzucker
2 EL Süßstoffpulver
130 g Halbfettbutter
130 g Mehl
1/2 Päckchen Backpulver
Fett und Mehl für die Form

Die Eier, den Zucker, den Süßstoff, die Butter, das Mehl und das Backpulver in einer Schüssel mit einem Schneebesen verrühren.
Sofern Sie keine Madeleineform aus Silikon verwenden, die Backform einfetten und mit Mehl bestäuben. Mit einem Esslöffel oder einem Spritzbeutel jede Vertiefung der Form zur Hälfte mit Teig füllen.
Die Madeleines im vorgeheizten Backofen bei 240 °C (Umluft 220 °C) 4 Min. backen, dann die Temperatur auf 200 °C (Umluft 180 °C) reduzieren und das Gebäck etwa 4 Min. fertigbacken.

Sophies Tipp
Verfeinern Sie den Teig mit 1/2 TL natürlichem Zitronen- oder Orangenaroma.

Cannelés*

Für 16 Stück

500 ml Milch
1 TL gemahlene Vanille oder
1 Vanilleschote
25 g leicht gesalzene Butter
120 g Mehl
200 g Puderzucker
2 Eier
2 Eigelb
5 EL brauner Rum
Fett für die Förmchen

Die Milch in einem Topf mit der Vanille und der Butter aufkochen.
Das Mehl in einer Schüssel mit dem Puderzucker vermischen. Die Eier und die Eigelbe unterrühren, die heiße Milch nach und nach dazugießen und vorsichtig glattrühren.
Die Mischung abkühlen lassen und den Rum hinzufügen. Den Teig 24 Std. in den Kühlschrank stellen.
Die leicht gefetteten Cannelé-Förmchen bis 1 cm unter den Rand mit Teig füllen und im vorgeheizten Backofen bei 240 °C (Umluft 220 °C) 10 Min. backen. Die Temperatur auf 200 °C (Umluft 180 °C) reduzieren und das Gebäck etwa 30 Min. fertigbacken.
Die Cannelés vorsichtig aus den Förmchen lösen und auf einem Kuchengitter auskühlen lassen.

Sophies Tipps

Anstelle von Cannelé*-Förmchen können Sie auch ein Muffinblech verwenden.
Ich bevorzuge Backformen aus Silikon, in denen das Gebäck immer gelingt und die sich problemlos reinigen lassen.
Wenn Sie Kupferförmchen verwenden, fetten Sie diese gut ein und bestäuben Sie sie mit einem Gemisch aus 2 EL Mehl und 1 EL Puderzucker.

500 ml Milch (1,5 % oder 0,5 % Fett)
1 Vanilleschote, aufgeschlitzt
25 g leicht gesalzene Halbfettbutter
100 g Mehl
80 g feiner Streuzucker
3 EL Süßstoffpulver
3 Eier
2 Eigelb
5 EL brauner Rum
Fett für die Förmchen

Die Milch in einem Topf mit dem Vanillemark und der Butter aufkochen. Das Mehl in einer Schüssel mit dem Zucker und dem Süßstoff vermischen. Die Eier und die Eigelbe unterrühren, die heiße Milch nach und nach dazugießen und vorsichtig glattrühren. Die Mischung abkühlen lassen und den Rum hinzufügen. Den Teig 24 Std. in den Kühlschrank stellen.
Die leicht gefetteten Cannelé-Förmchen bis 1 cm unter den Rand mit Teig füllen und im vorgeheizten Backofen bei 240 °C (Umluft 220 °C) 10 Min. backen. Die Temperatur auf 200 °C (Umluft 180 °C) reduzieren und das Gebäck etwa 30 Min. fertigbacken.
Die Cannelés vorsichtig aus den Förmchen lösen und auf einem Kuchengitter auskühlen lassen.

Sophies Tipp

Die Cannelés* werden schnell weich. Damit Sie sie knusprig genießen können, geben Sie das Gebäck bei 240 °C (Umluft 220 °C) 5 Min. in den Backofen.

Bananen-Pekannuss-Muffins

Für 10–12 Stück

250 g Mehl
1/2 Päckchen Backpulver
160 g feiner Streuzucker
1 Prise Salz
2 Eier
80 ml Sonnenblumenöl
120 ml Milch
2 Bananen
30 g Pekannüsse
Fett für die Form

Das Mehl in einer Schüssel mit dem Backpulver, dem Zucker und dem Salz vermischen und in die Mitte eine Vertiefung drücken.
Die Eier in einer Schüssel schaumig schlagen. Das Öl und die Milch hinzufügen, die Mischung in die Mehl-Schüssel gießen und das Ganze leicht verrühren.
Die zerdrückten Bananen und die gehackten Pekannüsse dazugeben.
Die Vertiefungen eines gefetteten 12er-Muffinblechs bis 1 cm unter den Rand mit Teig füllen und die Muffins im vorgeheizten Backofen bei 200 °C (Umluft 180 °C) 25–30 Min. backen.

Sophies Tipp

Bei Muffins ist es wichtig, die trockenen Zutaten (Mehl, Backpulver...) getrennt von den flüssigen Zutaten (Milch, Öl...) zu vermischen.

250 g Mehl
½ Päckchen Backpulver
3 EL Süßstoffpulver
3 Eier
250 g Vanillejoghurt
1 Banane
30 g Pekannüsse oder Walnüsse
Fett für die Form

Das Mehl in einer Schüssel mit dem Backpulver und dem Süßstoff vermischen und in die Mitte eine Vertiefung drücken.
Die Eier in einer Schüssel schaumig schlagen, dann den Joghurt hinzufügen. Die Mischung in die Mehl-Schüssel gießen und leicht verrühren.
Die zerdrückte Banane und die gehackten Pekannüsse dazugeben.
Die Vertiefungen eines gefetteten 12er-Muffinblechs bis 1 cm unter den Rand mit Teig füllen und die Muffins im vorgeheizten Backofen bei 200 °C (Umluft 180 °C) etwa 20 Min. backen.

Sophies Tipps

Anstelle der Banane können Sie auch 1 Birne verwenden.
Die Muffins lassen sich in Alufolie gut einfrieren.

Financiers*

Für ein 12er-Muffinblech oder eine 40er-Financiers-Form

170 g Butter
120 g gemahlene Mandeln
140 g Puderzucker
40 g Mehl
4 Eiweiß (140 g)
Fett für die Förmchen

Die Butter in einem Topf erwärmen, bis sie leicht braun wird.
Die Mandeln in einer Schüssel mit dem Puderzucker und dem Mehl vermischen. Nacheinander die Eiweiß und die heiße Butter unterrühren.
Die gefetteten Förmchen bis zum Rand mit Teig füllen und das Gebäck im vorgeheizten Backofen bei 200 °C (Umluft 180 °C) etwa 20 Min. backen (die Mini-Financiers benötigen etwa 15 Min.).
Die Financiers aus dem Ofen nehmen, sobald sie goldbraun sind, und auf ein Kuchengitter stürzen, damit sie weich bleiben.

130 g Halbfettbutter
120 g gemahlene Mandeln
50 g Puderzucker
2 EL Süßstoffpulver
40 g Mehl
5 Eiweiß (175 g)
1 TL natürliches Vanille- oder Bittermandelaroma
abgeriebene Schale von 1 unbehandelten Zitrone
Fett für die Förmchen

Die Butter in einem Topf zerlassen.
Die Mandeln in einer Schüssel mit dem Puderzucker, dem Süßstoff und dem Mehl vermischen. Nacheinander die Eiweiße, die heiße Butter, das Vanillearoma und die Zitronenschale unterrühren.
Die gefetteten Förmchen bis zum Rand mit Teig füllen und das Gebäck im vorgeheizten Backofen bei 200 °C (Umluft 180 °C) etwa 20 Min. backen (die Mini-Financiers benötigen etwa 15 Min.).
Die Financiers aus dem Ofen nehmen, sobald sie goldbraun sind, und auf ein Kuchengitter stürzen, damit sie weich bleiben.

Sophies Tipp

Setzen Sie vor dem Backen je 1 Himbeere auf die Financiers*. Da Halbfettbutter sich nicht anbräunen lässt, fehlt den kalorienbewussten Financiers* der nussige Geschmack.

Sophies Tipps

Der Teig kann gut im Voraus zubereitet und im Kühlschrank aufbewahrt werden, dann schmeckt er noch besser. Auch einfrieren lässt er sich.
Wenn Sie für eine Speise nur Eigelb benötigen, kann das Eiweiß in einem gut verschlossenen Behältnis bis zu 1 Monat im Kühlschrank aufbewahrt werden.
Die von mir verwendeten Eier enthalten jeweils etwa 35 g Eiweiß; wiegen Sie Ihres genau ab!
Aus Eiweiß lassen sich z. B. Baisers oder Kokosmakronen herstellen.

100 g weiche leicht gesalzene Butter
50 g feiner Streuzucker
150 g Mehl
1 EL feiner Streuzucker zum Dekorieren

Die Butter in einer Schüssel mit dem Zucker und dem Mehl verrühren und den Teig zu einer Kugel formen. Die Arbeitsfläche mit Mehl bestäuben, den Teig darauf etwa 1 Min. kneten und dann zu einer Rolle formen. Die Teigrolle in Frischhaltefolie einschlagen und 1 Std. im Kühlschrank ruhen lassen.
Den Teig in etwa 1 cm dicke Scheiben schneiden. Die Teigscheiben auf ein mit Backpapier ausgelegtes Backblech legen und mit einer Gabel leicht einstechen.
Die Kekse im vorgeheizten Backofen bei 170 °C (Umluft 150 °C) etwa 15 Min. backen.
Das Shortbread aus dem Ofen nehmen, mit Zucker bestreuen und auf einem Kuchengitter auskühlen lassen.

Sophies Tipp

Shortbread stammt aus Schottland. In einer luftdicht verschlossenen Dose ist es bis zu 3 Wochen haltbar.

Shortbread

Für etwa 15 Stück

100 g weiche leicht gesalzene Halbfettbutter
20 g feiner Streuzucker
3 EL Süßstoffpulver
150 g Mehl

Die Butter in einer Schüssel mit dem Zucker, dem Süßstoff und dem Mehl verrühren und den Teig zu einer Kugel formen. Die Arbeitsfläche mit Mehl bestäuben, den Teig darauf etwa 1 Min. kneten und dann zu einer Rolle formen. Die Teigrolle in Frischhaltefolie einschlagen und 1 Std. im Kühlschrank ruhen lassen.
Den Teig in etwa 1 cm dicke Scheiben schneiden. Die Teigscheiben auf ein mit Backpapier ausgelegtes Backblech legen und mit einer Gabel leicht einstechen.
Die Kekse im vorgeheizten Backofen bei 170 °C (Umluft 150 °C) etwa 15 Min. backen. Das Shortbread aus dem Ofen nehmen und auf einem Kuchengitter auskühlen lassen.

Sophies Tipps

Verfeinern Sie den Teig mit abgeschabter Orangen- oder Zitronenschale oder mit Zimt.
Bereiten Sie den Teig auf Vorrat zu und frieren Sie den nicht benötigten Teil ein.

Cantuccini

Für etwa 10 Stück

- 2 Eier
- 125 g feiner Streuzucker
- 125 g Mehl
- 40 g weiche Butter
- 100 g Mandeln
- 70 g gemahlene Mandeln
- 1 EL natürliches Vanillearoma
- 1 Eigelb, mit etwas Wasser verquirlt

Die Eier, den Zucker, das Mehl, die Butter, die ganzen und die gemahlenen Mandeln in einer Schüssel verrühren, dann das Vanillearoma untermischen.
Den Teig auf einem mit Backpapier ausgelegten Backblech oder auf einer Silikonbackmatte zu etwa fingerdicken Stäbchen formen. Die Stäbchen mit dem Eigelb bestreichen.
Die Cantuccini im vorgeheizten Backofen bei 220 °C (Umluft 200 °C) etwa 20 Min. backen.

Sophies Tipp

Ersetzen Sie die Mandeln durch Walnüsse, Haselnüsse, Pistazien oder Erdnüsse.

- 3 Eier
- 50 g feiner Streuzucker
- 2 EL Süßstoffpulver
- 125 g Mehl
- 40 g weiche Halbfettbutter
- 100 g Mandeln
- 70 g gemahlene Mandeln
- 2 EL Orangenwasser oder Pastis
- 1 Eigelb, mit etwas Wasser verquirlt

Die Eier, den Zucker, den Süßstoff, das Mehl, die Butter, die ganzen und die gemahlenen Mandeln in einer Schüssel verrühren, dann das Orangenwasser untermischen.
Den Teig auf einem mit Backpapier ausgelegten Backblech oder auf einer Silikonbackmatte zu fingerdicken Stäbchen formen. Die Stäbchen mit dem Eigelb bestreichen.
Die Cantuccini im vorgeheizten Backofen bei 220 °C (Umluft 200 °C) etwa 20 Min. backen.

Sophies Tipp

Je länger sie backen, desto fester werden die Cantuccini. In einem luftdicht verschlossenen Behältnis sind sie bis zu 2 Wochen haltbar.

Orangenhippen

Für 12 Stück

200 g Rohrohrzucker
100 g weiche Butter
150 ml Orangensaft
100 g Mehl
1 TL gehackte ungesalzene Pistazien

Den Zucker in einer Schüssel mit der Butter vermischen. Nach und nach den leicht erwärmten Orangensaft und das Mehl unterrühren. Den Teig löffelweise in großem Abstand als dünne Kleckse auf ein mit Backpapier ausgelegtes Backblech oder auf eine Silikonbackmatte geben und mit den Pistazien bestreuen.
Die Orangenhippen im vorgeheizten Backofen bei 200 °C (Umluft 180 °C) etwa 7 Min. goldbraun backen.
Warten Sie einen Moment, ehe Sie die Hippen vorsichtig vom Backblech lösen: Sie müssen leicht abkühlen, aber noch so warm sein, dass sie sich formen lassen. Die Orangenhippen dann mit Hilfe einer Weinflasche oder eines Nudelholzes rund biegen.

Sophies Tipp

Anstelle von Pistazien können Sie auch Mandelstifte verwenden.

100 g Rohrohrzucker
2 EL Süßstoffpulver
100 g weiche Halbfettbutter
150 ml Orangensaft
100 g Mehl

Den Zucker in einer Schüssel mit dem Süßstoff und der Butter vermischen. Nach und nach den leicht erwärmten Orangensaft und das Mehl unterrühren. Den Teig löffelweise in großem Abstand als dünne Kleckse auf ein mit Backpapier ausgelegtes Backblech oder auf eine Silikonbackmatte geben. Die Orangenhippen im vorgeheizten Backofen bei 200 °C (Umluft 180 °C) etwa 7 Min. goldbraun backen.
Warten Sie einen Moment, ehe Sie die Hippen vorsichtig vom Backblech lösen: Sie müssen leicht abkühlen, aber noch so warm sein, dass sie sich formen lassen. Die Orangenhippen dann mit Hilfe einer Weinflasche oder eines Nudelholzes rund biegen.

Sophies Tipp

Sie können den Orangensaft auch durch 50 ml Zitronensaft ersetzen.

200 ml Milch
125 g Honig
250 g Mehl
1/2 Päckchen Backpulver
100 g Rohrohrzucker
2 TL Viergewürzpulver*
Fett und Mehl für die Form

Die Milch in einem Topf mit dem Honig erhitzen. Das Mehl, das Backpulver, den Zucker und das Gewürzpulver in einer Schüssel vermengen. Die Honigmilch nach und nach unterrühren.
Den Teig in eine gefettete und mit Mehl bestäubte Kastenform (26 cm Länge) geben und im vorgeheizten Backofen bei 200 °C (Umluft 180 °C) etwa 40 Min. backen.
Den Honigkuchen aus der Form stürzen und auskühlen lassen.

Sophies Tipp
Honigkuchen ist der ideale Begleiter zu Foie gras (Enten- oder Gänsestopfleber).

Honigkuchen

Für 8 Portionen

200 ml Milch (1,5 % oder 0,5 % Fett)
125 g Honig
250 g Mehl
1/2 Päckchen Backpulver
4 EL Süßstoffpulver
2 TL Viergewürzpulver*
Fett und Mehl für die Form

Die Milch in einem Topf mit dem Honig erhitzen. Das Mehl, das Backpulver, den Süßstoff und das Gewürzpulver in einer Schüssel vermengen. Die Honigmilch nach und nach unterrühren.
Den Teig in eine gefettete und mit Mehl bestäubte Kastenform (26 cm Länge) geben und im vorgeheizten Backofen bei 200 °C (Umluft 180 °C) etwa 45 Min. backen.
Den Honigkuchen aus der Form stürzen und auskühlen lassen.

Sophies Tipp
Sie können wahlweise Weizen- oder Roggenmehl verwenden.

Schokoladenträume

klassisch kalorienbewusst

LA
DE

Schokoladenpudding im Glas

250 ml Milch
250 g Sahne
4 Eigelb
80 g feiner Streuzucker
175 g Bitterschokolade

Für 8 Gläser à 100 ml

Die Milch in einem Topf mit der Sahne zum Kochen bringen. Die Eigelbe und den Zucker in einer Schüssel vermischen, dann die heiße Flüssigkeit unterrühren. Die Mischung in den Topf zurückgießen und bei geringer Hitze unter ständigem Rühren 2 Min. köcheln lassen, bis eine cremige Masse entsteht.
Die Schokolade in kleine Stücke brechen und in eine weitere Schüssel geben. Die noch warme Creme in drei Etappen dazugießen und mit dem Schneebesen unterrühren.
Die Schokoladencreme auf 8 Gläser verteilen, abkühlen lassen und mind. 3 Std. in den Kühlschrank stellen.
Den Schokoladenpudding im Glas gut gekühlt servieren.

Sophies Tipps

Dieses Dessert kann bis zu 48 Std. im Voraus zubereitet werden.
Um Klümpchen zu vermeiden, sollten Sie die warme Creme nach und nach zur Schokolade geben.

250 ml Milch
(1,5 % oder 0,5 % Fett)
250 g fettarme Sahne
4 Eigelb
4 EL Süßstoffpulver
175 g Bitterschokolade

Die Milch in einem Topf mit der Sahne zum Kochen bringen. Die Eigelbe und den Süßstoff in einer Schüssel vermischen, dann die heiße Flüssigkeit unterrühren. Die Mischung in den Topf zurückgießen und bei geringer Hitze unter ständigem Rühren 2 Min. köcheln lassen, bis eine cremige Masse entsteht. Die Schokolade in kleine Stücke brechen und in eine weitere Schüssel geben. Die noch warme Creme in drei Etappen dazugießen und mit dem Schneebesen unterrühren.
Die Schokoladencreme auf 8 Gläser verteilen, abkühlen lassen und mind. 3 Std. in den Kühlschrank stellen. Den Schokoladenpudding im Glas gut gekühlt servieren.

Crème d'Annette

Für 6 Portionen

500 ml Milch
20 g Edelbitterschokolade
(60 % Kakao)
3 EL ungesüßtes Kakaopulver
60 g feiner Streuzucker
20 g Speisestärke

Die Milch in einem Topf erwärmen. Die Schokolade in kleine Stücke brechen, hinzufügen und bei geringer Hitze schmelzen lassen. Den Kakao, den Zucker und die Speisestärke untermengen. Die Mischung bei geringer Hitze unter Rühren köcheln lassen, bis eine homogene Masse entsteht (sie sollte Puddingkonsistenz haben). Die Creme in eine Schüssel füllen und unter gelegentlichem Rühren abkühlen lassen.
Die Crème d'Annette mind. 1 Std. im Kühlschrank ruhen lassen und dann servieren.

Sophies Tipp

Sie können die Milch zur Hälfte durch Sahne ersetzen, dadurch wird die Creme noch feiner.

500 ml Milch
(1,5 % oder 0,5 % Fett)
20 g Edelbitterschokolade
(60 % Kakao)
3 EL ungesüßtes Kakaopulver
4 EL Süßstoffpulver
20 g Speisestärke

Die Milch in einem Topf erwärmen. Die Schokolade in kleine Stücke brechen, hinzufügen und bei geringer Hitze schmelzen lassen. Den Kakao, den Süßstoff und die Speisestärke untermengen. Die Mischung bei geringer Hitze unter Rühren köcheln lassen, bis eine homogene Masse entsteht (sie sollte Puddingkonsistenz haben). Die Creme in eine Schüssel füllen und unter gelegentlichem Rühren abkühlen lassen.
Die Crème d'Annette mind. 1 Std. im Kühlschrank ruhen lassen und dann servieren.

Sophies Tipps

Sollte die Creme Klümpchen aufweisen, hilft das Pürieren mit einer Küchenmaschine oder einem Pürierstab.
Verfeinern Sie die Creme mit schmalen Birnenspalten.

200 g Edelbitter-
schokolade
(60 % Kakao)
150 ml Milch
200 g Sahne
3 Eigelb
60 g feiner Streuzucker

Die Schokolade in kleine Stücke brechen und zusammen mit der Milch und der Sahne in eine mikrowellengeeignete Schüssel geben. Die Schokoladenstücke in der Mikrowelle 1½ Min. auf höchster Stufe oder im Wasserbad auf dem Herd schmelzen. Die Mischung mit einem Schneebesen aufschlagen.
Die Eigelbe und den Zucker in einer weiteren Schüssel kräftig verrühren und die flüssige Schokoladenmasse nach und nach unterrühren.
Die Creme in 6 runde ofenfeste Förmchen füllen und im vorgeheizten Backofen bei 180 °C (Umluft 160 °C) etwa 20 Min. im Wasserbad garen (die Creme sollte in der Mitte flüssig bleiben).
Die Schokoladencreme-Töpfchen aus dem Wasser nehmen, auf Zimmertemperatur abkühlen lassen und in den Kühlschrank stellen.

Sophies Tipp

Garnieren Sie die Creme mit dunklen oder weißen Schokoraspeln.

Schokoladencreme-Töpfchen

Für 6 Portionen

200 g Edelbitter-schokolade (60 % Kakao)
150 ml Milch (1,5 % oder 0,5 % Fett)
200 g fettarme Sahne
5 Eigelb
3 EL Süßstoffpulver

Die Schokolade in kleine Stücke brechen und zusammen mit der Milch und der Sahne in eine mikrowellengeeignete Schüssel geben. Die Schokoladenstücke in der Mikrowelle 1½ Min. auf höchster Stufe oder im Wasserbad auf dem Herd schmelzen. Die Mischung mit einem Schneebesen aufschlagen. Die Eigelbe und den Süßstoff in einer Schüssel kräftig verrühren und die flüssige Schokoladenmasse nach und nach untermengen.

Die Creme in 6 runde ofenfeste Förmchen füllen und im vorgeheizten Backofen bei 180 °C (Umluft 160 °C) etwa 20 Min. im Wasserbad garen (die Creme sollte in der Mitte flüssig bleiben).

Die Schokoladencreme-Töpfchen aus dem Wasser nehmen, auf Zimmertemperatur abkühlen lassen und in den Kühlschrank stellen.

Sophies Tipp

Für das Wasserbad im Backofen können Sie die Auffangschale verwenden.

Brownies

Für 6–8 Portionen

3 Eier
150 g feiner Streuzucker
60 g Mehl
250 g Edelbitterschokolade
(60 % Kakao)
150 g Butter
125 g gehackte Trockenfrüchte
und Nüsse
Fett und Mehl für die Form

Die Eier in einer Schüssel mit dem Zucker verquirlen, dann das Mehl untermischen. Die Schokolade in Stücke brechen und mit der Butter in der Mikrowelle oder im Wasserbad auf dem Herd schmelzen und glattrühren. Die Schokoladenmasse unter den Teig rühren, die Trockenfrüchte und die Nüsse hinzufügen und alles gut vermischen.
Den Teig in eine gefettete und mit Mehl bestäubte Kastenform (25 cm Länge) geben und im vorgeheizten Backofen bei 200 °C (Umluft 180 °C) etwa 20 Min. backen.
Die Brownies abkühlen lassen und aus der Form stürzen.

Sophies Tipp

Anstelle der Trockenfrüchte können Sie auch Orangeat verwenden.

4 Eier
50 g feiner Streuzucker
4 EL Süßstoffpulver
60 g Mehl
250 g Edelbitterschokolade
(60 % Kakao)
150 g Halbfettbutter
100 g gehackte Trockenfrüchte
und Nüsse
Fett und Mehl für die Form

Die Eier in einer Schüssel mit dem Zucker und dem Süßstoff verquirlen, dann das Mehl untermischen. Die Schokolade in Stücke brechen und mit der Butter in der Mikrowelle oder im Wasserbad auf dem Herd schmelzen und glattrühren. Die Schokoladenmasse unter den Teig rühren, die Trockenfrüchte und die Nüsse hinzufügen und alles gut vermischen. Den Teig in eine gefettete und mit Mehl bestäubte Kastenform (25 cm Länge) geben und im vorgeheizten Backofen bei 200 °C (Umluft 180 °C) etwa 20 Min. backen.
Die Brownies abkühlen lassen und aus der Form stürzen.

Sophies Tipp

Brownies schmecken auch kalt, sollten aber nicht zu lange im Kühlschrank aufbewahrt werden.

Marquise au Chocolat*

Für 8–10 Portionen

150 g Bitterschokolade
150 g Butter
20 g ungesüßtes Kakaopulver
4 Eigelb
150 g Puderzucker
400 g eiskalte Sahne

Die Schokolade in Stücke brechen und mit der Butter in der Mikrowelle oder im Wasserbad auf dem Herd schmelzen. Die Schokoladenmasse vom Feuer nehmen und den Kakao untermischen.
Die Eigelbe in einer Schüssel mit dem Puderzucker schaumig schlagen. Die lauwarme Schokoladenmasse unterrühren. Die Sahne steifschlagen und unter die Mischung heben.
Die Creme in eine mit Pergamentpapier ausgelegte Kastenform (26 cm Länge) füllen und für mind. 12 Std. in den Gefrierschrank stellen.
Die Marquise au Chocolat 30 Min. vor dem Servieren aus der Form stürzen.

Sophies Tipps

Die Marquise au Chocolat* schmeckt auch mit anderen Schokoladensorten, probieren Sie es aus!
Anstelle der selbst gemachten Schlagsahne können Sie die im Handel angebotene Sprühsahne verwenden.
Die Creme kann auch auf Gläser oder Becher verteilt werden (in diesem Fall vor dem Servieren mind. 2 Std. in den Kühlschrank stellen).

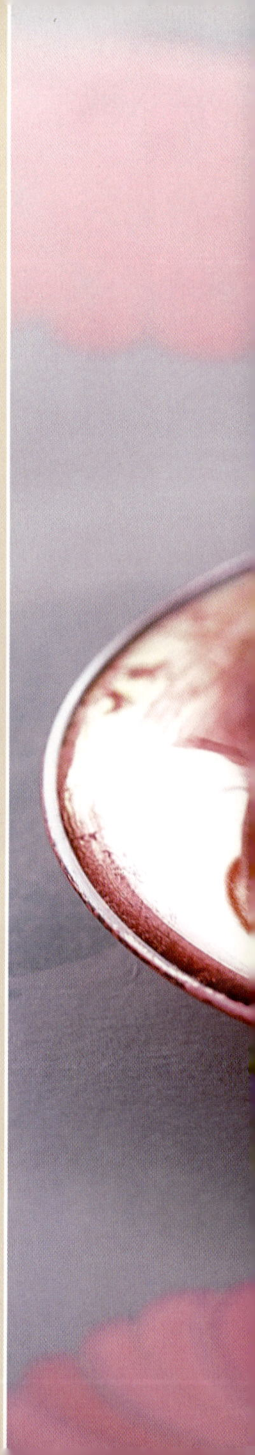

150 g Bitterschokolade
150 g Halbfettbutter
20 g ungesüßtes Kakaopulver
4 Eigelb
4 EL Süßstoffpulver
400 g kalorienreduzierte Sprühsahne

Die Schokolade in Stücke brechen und mit der Butter in der Mikrowelle oder im Wasserbad auf dem Herd schmelzen. Die Schokoladenmasse vom Feuer nehmen und den Kakao untermischen. Die Eigelbe in einer Schüssel mit dem Süßstoff schaumig schlagen. Die lauwarme Schokoladenmasse unterrühren. Die Sahne unter die Mischung heben. Die Creme in eine mit Pergamentpapier ausgelegte Kastenform (26 cm Länge) füllen und für mind. 12 Std. in den Gefrierschrank stellen.
Die Marquise au Chocolat 30 Min. vor dem Servieren aus der Form stürzen.

Sophies Tipp
Bei Verwendung einer Silikonbackform benötigen Sie kein Pergamentpapier.

Birnentarte mit Schoko-Glasur

Für 8 Portionen

1 Portion Süßer Mürbeteig (Seite 10) oder backfertiger Mürbeteig
100 g Puderzucker
100 g weiche leicht gesalzene Butter
50 g gemahlene Mandeln
50 g gehackte ungesalzene Pistazien
1 Ei
3 reife Birnen oder 1 Dose Birnen à 850 ml
150 g Sahne
150 g Schokolade

Den Teig in eine Tarteform (28 cm Durchmesser) geben und in den Kühlschrank stellen. Den Puderzucker, die kleingeschnittene Butter, die Mandeln, die Pistazien und das Ei in einer Schüssel mit einem Holzkochlöffel verrühren.

Die Birnen schälen, vierteln und entkernen. Die Mandel-Pistazien-Mischung auf den Tarteboden geben und die Birnenviertel darauf verteilen. Die Tarte im vorgeheizten Backofen bei 200 °C (Umluft 180 °C) etwa 30 Min. backen, aus dem Ofen nehmen und abkühlen lassen.

In der Zwischenzeit die Sahne in einem Topf zum Kochen bringen. Die Schokolade in Stücke brechen und unterrühren. Die Schoko-Glasur über die Birnentarte gießen und abkühlen lassen.

1 Portion Süßer Mürbeteig (Seite 10) oder backfertiger Mürbeteig
4 EL Süßstoffpulver
100 g weiche leicht gesalzene Halbfettbutter
50 g gemahlene Mandeln
50 g gehackte ungesalzene Pistazien
1 Ei
3 reife Birnen oder
1 Dose Birnen à 850 ml
150 g fettarme Sahne
150 g Schokolade

Den Teig in eine Tarteform (28 cm Durchmesser) geben und in den Kühlschrank stellen. Den Süßstoff, die kleingeschnittene Butter, die Mandeln, die Pistazien und das Ei in einer Schüssel mit einem Holzkochlöffel verrühren.
Die Birnen schälen, vierteln und entkernen. Die Mandel-Pistazien-Mischung auf den Tarteboden geben und die Birnenviertel darauf verteilen. Die Tarte im vorgeheizten Backofen bei 200 °C (Umluft 180 °C) etwa 30 Min. backen, aus dem Ofen nehmen und abkühlen lassen.
In der Zwischenzeit die Sahne in einem Topf zum Kochen bringen. Die Schokolade in Stücke brechen und unterrühren. Die Schoko-Glasur über die Birnentarte gießen und abkühlen lassen.

Sophies Tipp

Legen Sie die Tarteform mit Backpapier aus, ehe Sie den Teig hineingeben: So löst sich die Tarte nach dem Backen besser aus der Form.

Sophies Tipp

Diese Tarte schmeckt auch ohne Glasur: Servieren Sie sie in diesem Fall mit einem Töpfchen flüssiger Schokolade für die Schoko-Liebhaber unter Ihren Gästen.

3 Eier
130 g feiner Streuzucker
50 g Mehl
1 TL Trockenbackhefe
150 g Edelbitterschokolade
(60 % Kakao)
150 g weiche leicht
gesalzene Butter
Fett und Mehl für die Form

Die Eier in einer Schüssel mit dem Zucker schaumig schlagen. Das Mehl und die Hefe untermischen. Die Schokolade in Stücke brechen, mit der Butter in der Mikrowelle oder im Wasserbad auf dem Herd schmelzen und unterrühren.
Den Teig in eine gefettete und mit Mehl bestäubte Kastenform (26 cm Länge) geben und im vorgeheizten Backofen bei 200 °C (Umluft 180 °C) etwa 30 Min. backen (der Kuchen soll im Kern noch feucht sein). Den Schokoladen-Cake abkühlen lassen und aus der Form stürzen.

Sophies Tipps

Dieser Kuchen schmeckt am nächsten Tag noch besser. In Alufolie eingeschlagen, ist er bei Zimmertemperatur bis zu 10 Tage haltbar.
Der Teig lässt sich mit 100 g gewürfeltem Orangeat oder 80 g gehackten Nüssen verfeinern.

Schokoladen-Cake

Für 8 Portionen

4 Eier
50 g feiner Streuzucker
3 EL Süßstoffpulver
50 g Mehl
1 TL Trockenbackhefe
150 g Edelbitterschokolade
(60 % Kakao)
125 g weiche leicht
gesalzene Halbfettbutter
Fett und Mehl für die Form

Die Eier in einer Schüssel mit dem Zucker und dem Süßstoff schaumig schlagen. Das Mehl und die Hefe untermischen. Die Schokolade in Stücke brechen, mit der Butter in der Mikrowelle oder im Wasserbad auf dem Herd schmelzen und unterrühren.
Den Teig in eine gefettete und mit Mehl bestäubte Kastenform (26 cm Länge) geben und im vorgeheizten Backofen bei 200 °C (Umluft 180 °C) etwa 30 Min. backen (der Kuchen soll im Kern noch feucht sein). Den Schokoladen-Cake abkühlen lassen und aus der Form stürzen.

Sophies Tipp

Verfeinern Sie den Teig mit 1 gewürfelten reifen Birne.

Mousse au Chocolat

Für 6–8 Portionen

400 g Edelbitterschokolade (55 % Kakao)
100 g Butter
250 g Sahne
8 Eigelb
8 Eiweiß
1 Prise Salz
50 g feiner Streuzucker

Die Schokolade mit der Butter und der Sahne in eine mikrowellengeeignete Schüssel geben und in der Mikrowelle oder im Wasserbad auf dem Herd schmelzen. Die Masse glattrühren und abkühlen lassen.
Die Eigelbe mit der flüssigen Schokoladenmasse verrühren. Die Eiweiße mit dem Salz sehr steif schlagen, dabei den Zucker einrieseln lassen. Den Eischnee vorsichtig unter die Schokoladen-Ei-Masse heben.
Die Mousse au Chocolat in eine Schüssel füllen oder auf mehrere Gläser oder Schälchen verteilen und mind. 3 Std. in den Kühlschrank stellen.

400 g Edelbitterschokolade
(55 % Kakao)
2 EL Süßstoffpulver
10 Eiweiß (325–350 g)
1 Prise Salz

Die Schokolade in eine mikrowellengeeignete Schüssel geben und in der Mikrowelle oder im Wasserbad auf dem Herd schmelzen. Die Masse abkühlen lassen und den Süßstoff unterrühren.
Die Eiweiße mit dem Salz sehr steif schlagen und den Eischnee unter die Schokoladen-Süßstoff-Masse heben.
Die Mousse au Chocolat in eine Schüssel füllen oder auf mehrere Gläser oder Schälchen verteilen und mind. 3 Std. in den Kühlschrank stellen.

Sophies Tipp
Verwenden Sie die übrig gebliebenen Eigelbe für eine Englische Creme (Seite 12/13).

Fruchtige Köstlichkeiten

klassisch kalorienbewusst

Feigengratin

Für 6 Portionen

15 frische oder
tiefgefrorene Feigen
2 Eier
80 g feiner Streuzucker
1 TL gemahlene Vanille
200 g Sahne

Die Feigen waschen, entstielen, halbieren und auf 6 Gratin-Förmchen verteilen.
Die Eier in einer Schüssel mit dem Zucker und der Vanille schaumig schlagen. Die Sahne unterrühren und die Masse über die Feigen gießen.
Die Mischung unter dem vorgeheizten Backofengrill etwa 15 Min. gratinieren, bis die Feigen gebräunt sind.
Das Feigengratin warm oder kalt servieren.

Sophies Tipp

Eine schnelle Variante: Die Feigen in die Gratin-Förmchen geben, auf jede Portion 1 Kugel Vanilleeis setzen und 10 Min. unter den Backofengrill stellen.

15 frische oder
tiefgefrorene Feigen
2 Eier
3 EL Süßstoffpulver
1 TL gemahlene Vanille
200 g fettarme Sahne

Die Feigen waschen, entstielen, halbieren und auf 6 Gratin-Förmchen verteilen.
Die Eier in einer Schüssel mit dem Süßstoff und der Vanille schaumig schlagen. Die Sahne unterrühren und die Masse über die Feigen gießen.
Die Mischung unter dem vorgeheizten Backofengrill etwa 15 Min. gratinieren, bis die Feigen gebräunt sind.
Das Feigengratin warm oder kalt servieren.

Sophies Tipps

Sie können die Feigen durch Clementinen, Birnen oder Mangos ersetzen.
Apropos: Tiefgefrorene Feigen sollten vor dem Verarbeiten nicht aufgetaut werden.

200 g Trockenpflaumen
10 g weiche Butter
700 ml Milch
4 Eier
150 g feiner Streuzucker
200 g Mehl
2 EL Calvados oder Rum

Die Pflaumen in eine gefettete Auflaufform geben.
Die Milch in einem Topf aufkochen.
Die Eier in einer Schüssel mit dem Zucker verrühren. Nacheinander das Mehl und den Calvados untermischen. Die heiße Milch nach und nach unter ständigem Rühren hinzufügen.
Den Teig über die Pflaumen gießen und den Kuchen im vorgeheizten Backofen bei 240 °C (Umluft 220 °C) etwa 10 Min. backen. Die Temperatur auf 200 °C (Umluft 180 °C) reduzieren und den Far breton etwa 25 Min. fertigbacken.

Sophies Tipp

Der Far breton* schmeckt am nächsten Tag noch besser.

Far breton*

Für 6 Portionen

150 g Trockenpflaumen
10 g weiche Halbfettbutter
700 ml Milch
(1,5 % oder 0,5 % Fett)
5 Eier
4 EL Süßstoffpulver
200 g Mehl
2 EL Calvados oder Rum

Die Pflaumen in eine gefettete Auflaufform geben.
Die Milch in einem Topf aufkochen.
Die Eier in einer Schüssel mit dem Süßstoff verrühren. Nacheinander das Mehl und den Calvados untermischen. Die heiße Milch nach und nach unter ständigem Rühren hinzufügen.
Den Teig über die Pflaumen gießen und den Kuchen im vorgeheizten Backofen bei 240 °C (Umluft 220 °C) etwa 10 Min. backen. Die Temperatur auf 200 °C (Umluft 180 °C) reduzieren und den Far breton etwa 25 Min. fertigbacken.

Sophies Tipp

Anstelle der Trockenpflaumen können Sie auch Äpfel verwenden. Selbst ohne Obst schmeckt der Far breton* vorzüglich.

200 g Rundkornreis
1 l Milch
50 g feiner Streuzucker
2 Eigelb
4 Äpfel
1 EL Butter
3 Msp. Zimt

Für die Karamellcreme:
100 g feiner Streuzucker
3 EL Wasser
30 g leicht gesalzene Butter
200 g Sahne

Den Reis 2 Min. in kochendes Wasser geben, dann abtropfen lassen. Die Milch in einem Topf zum Kochen bringen und den Reis hinzufügen. Die Mischung bei geringer Hitze etwa 30 Min. köcheln lassen, dabei gelegentlich umrühren.
Den Topf vom Feuer nehmen. Den Zucker und die Eigelbe nacheinander in den Milchreis rühren und das Ganze auf Zimmertemperatur abkühlen lassen.
Die Äpfel schälen, entkernen und in Spalten schneiden. Die Apfelspalten in einer Schwenkpfanne in der zerlassenen Butter bei mittlerer Hitze goldbraun braten, mit Zimt bestreuen und beiseitestellen.
Für die Karamellcreme den Zucker in einem kleinen Topf in Wasser auflösen und bei starker Hitze aufkochen, bis goldbrauner, flüssiger Karamell entsteht (dabei nicht umrühren!). Den Karamell vom Feuer nehmen und nacheinander die Butter und die Sahne unterrühren. Die Masse abkühlen lassen, bis der Karamell cremig wird.
Den Milchreis auf 6–8 Gläser oder Schälchen verteilen, mit Apfelspalten garnieren und mit der Karamellcreme übergießen.

Sophies Tipps
Sie können die Apfelspalten auch mit Calvados flambieren.
Anstelle von Zimt können Sie Vanille verwenden.

Apfelmilchreis

Für 6–8 Portionen

200 g Rundkornreis
1 l Milch
(1,5 % oder 0,5 % Fett)
4 EL Süßstoffpulver
2 Eigelb
4 Äpfel
1 EL Halbfettbutter
2 Msp. Zimt

Für den Coulis*:
1 grüner Apfel
(z. B. Granny Smith)
2 EL Süßstoffpulver
50 ml Wasser

Den Reis 2 Min. in kochendes Wasser geben, dann abtropfen lassen. Die Milch in einem Topf zum Kochen bringen und den Reis hinzufügen. Die Mischung bei geringer Hitze etwa 30 Min. köcheln lassen, dabei gelegentlich umrühren.
Den Topf vom Feuer nehmen. Den Süßstoff und die Eigelbe nacheinander in den Milchreis rühren und das Ganze auf Zimmertemperatur abkühlen lassen.
Die Äpfel schälen, entkernen und in Spalten schneiden. Die Apfelspalten in einer Schwenkpfanne in der zerlassenen Butter bei mittlerer Hitze goldbraun braten, mit Zimt bestreuen und beiseitestellen.
Für den Coulis den Apfel schälen, entkernen, würfeln und mit dem Süßstoff und dem Wasser im Mixer pürieren.
Den Milchreis auf 6–8 Gläser oder Schälchen verteilen, mit Apfelspalten garnieren und mit dem Coulis übergießen.

Sophies Tipp
Bereiten Sie den Coulis* erst kurz vor dem Servieren zu, damit er nicht braun wird.

Birnen-Flan*

Für 6–8 Portionen

1 Dose Birnen à 850 ml
Fett für die Form
2 Eier
100 g feiner Streuzucker
20 g gemahlene Mandeln
50 g Mehl
200 ml Milch
200 g Sahne
1 Päckchen Vanillezucker
30 g Butter

Die Birnen abtropfen lassen, in Spalten schneiden und in einer gefetteten Auflaufform verteilen.
Die Eier in einer Schüssel mit dem Zucker und den Mandeln verrühren. Nacheinander das Mehl, die Milch und die Sahne hinzufügen und glattrühren. Den Teig über die Birnen gießen, mit Vanillezucker bestreuen und Butterflöckchen daraufsetzen.
Den Birnen-Flan im vorgeheizten Backofen bei 200 °C (Umluft 180 °C) etwa 35 Min. backen und warm oder kalt servieren.

Sophies Tipps

Bestreuen Sie die Birnen mit 100 g Schokotropfen, bevor Sie den Teig über die Früchte gießen. Köstlich schmeckt es, wenn Sie 2 EL Birnengeist über den Teig träufeln.

1 Dose Birnen à 850 ml
Fett für die Form
2 Eier
4 EL Süßstoffpulver
20 g gemahlene Mandeln
50 g Mehl
200 ml Milch
(1,5 % oder 0,5 % Fett)
200 g fettarme Sahne
30 g Halbfettbutter

Die Birnen abtropfen lassen, in Spalten schneiden und in einer gefetteten Auflaufform verteilen.
Die Eier in einer Schüssel mit dem Süßstoff und den Mandeln verrühren. Nacheinander das Mehl, die Milch und die Sahne hinzufügen und glattrühren. Den Teig über die Birnen gießen und Butterflöckchen daraufsetzen.
Den Birnen-Flan im vorgeheizten Backofen bei 200 °C (Umluft 180 °C) etwa 35 Min. backen und warm oder kalt servieren.

Sophies Tipp
Ersetzen Sie die Birnen durch Früchte Ihrer Wahl.

Nusskuchen

Für 8 Portionen

250 g Walnusskerne
4 Eigelb
250 g feiner Streuzucker
100 g Mehl
125 g leicht gesalzene Butter
4 Eiweiß
Fett und Mehl für die Form

Die Walnüsse im Mixer fein hacken.
Die Eigelbe in einer Schüssel mit dem Zucker schaumig schlagen, dann das Mehl, die zerlassene Butter und die Walnüsse unterrühren. Die Eiweiße zu steifem Schnee schlagen und unterheben.
Den Teig in eine gefettete und mit Mehl bestäubte Springform (24 cm Durchmesser) geben und im vorgeheizten Backofen bei 200 °C (Umluft 180 °C) etwa 40 Min. backen.

Sophies Tipps

Verfeinern Sie den Teig mit 2 EL Rum.
Der Nusskuchen lässt sich gut einfrieren.

200 g Walnusskerne
5 Eigelb
4 EL Süßstoffpulver
100 g Mehl
125 g leicht gesalzene Halbfettbutter
5 Eiweiß
Fett und Mehl für die Form

Die Walnüsse im Mixer fein hacken.
Die Eigelbe in einer Schüssel mit dem Süßstoff verrühren, dann das Mehl, die zerlassene Butter und die Walnüsse untermischen. Die Eiweiße zu steifem Schnee schlagen und unterheben.
Den Teig in eine gefettete und mit Mehl bestäubte Springform (24 cm Durchmesser) geben und im vorgeheizten Backofen bei 200 °C (Umluft 180 °C) etwa 40 Min. backen.

Sophies Tipp

Sie können die Walnüsse durch Haselnüsse, Mandeln oder Pekannüsse ersetzen.

3 Eier
150 g feiner Streuzucker
150 g Mehl
1/3 Päckchen Backpulver
150 g weiche Butter
Saft und abgeriebene Schale von
3 unbehandelten Clementinen
Fett und Mehl für die Form
50 g Puderzucker
Saft von 3 Clementinen

Die Eier in einer Schüssel mit dem Zucker verrühren. Das Mehl, das Backpulver, die Butter, den Clementinensaft und die -schale untermischen. Den Teig in eine gefettete und mit Mehl bestäubte Kuchenform (etwa 24 cm Durchmesser) geben und im vorgeheizten Backofen bei 200 °C (Umluft 180 °C) etwa 35 Min. backen.
In der Zwischenzeit den Puderzucker in einem Topf bei geringer Hitze im Clementinensaft auflösen.
Den Clementinenkuchen aus dem Ofen nehmen, sofort mit dem Guss überziehen, abkühlen lassen und aus der Form stürzen.

Sophies Tipp

Verfeinern Sie den Guss mit 2 EL Grand Marnier oder Cointreau.

Clementinenkuchen

Für 6–8 Portionen

4 Eier
50 g feiner Streuzucker
3 EL Süßstoffpulver
150 g Mehl
1/3 Päckchen Backpulver
150 g weiche Halbfettbutter
Saft und abgeriebene Schale von
3 unbehandelten Clementinen
Fett und Mehl für die Form
2 EL Süßstoffpulver
Saft von 3 Clementinen

Die Eier in einer Schüssel mit dem Zucker und dem Süßstoff verrühren. Das Mehl, das Backpulver, die Butter, den Clementinensaft und die -schale untermischen. Den Teig in eine gefettete und mit Mehl bestäubte Kuchenform (etwa 24 cm Durchmesser) geben und im vorgeheizten Backofen bei 200 °C (Umluft 180 °C) etwa 35 Min. backen.
In der Zwischenzeit den Süßstoff in einem Topf bei geringer Hitze im Clementinensaft auflösen.
Den Clementinenkuchen aus dem Ofen nehmen, sofort mit dem Guss überziehen, abkühlen lassen und aus der Form stürzen.

Sophies Tipp

Sie können den Clementinensaft durch den Saft von 1 Orange, 2 Zitronen oder ½ Grapefruit ersetzen.

Flognarde* mit Mirabellen

Für 6–8 Portionen

150 g Mehl
100 g feiner Streuzucker
1 Päckchen Vanillezucker
3 Eier
300 ml Milch
150 g Sahne
500 g Mirabellen
Fett für die Form
1 EL feiner Streuzucker

Das Mehl mit dem Zucker, dem Vanillezucker und den Eiern in einer Schüssel vermischen. Die Milch und die Sahne unterrühren.
Die Mirabellen entkernen und zum Teig geben.
Den Teig in eine gefettete Auflaufform gießen, mit dem restlichen Zucker bestreuen und im vorgeheizten Backofen bei 200 °C (Umluft 180 °C) etwa 35 Min. backen.

Sophies Tipp

Dieses Rezept stammt ursprünglich aus der Auvergne.
Vor dem Servieren können Sie den Kuchen mit Mirabellenbrand oder Calvados übergießen und flambieren.

150 g Mehl
4 EL Süßstoffpulver
4 Eier
300 ml Milch
(1,5 % oder 0,5 % Fett)
150 g fettarme Sahne
500 g Mirabellen
Fett für die Form

Das Mehl in einer Schüssel mit dem Süßstoff und den Eiern vermischen. Die Milch und die Sahne unterrühren.
Die Mirabellen entkernen und zum Teig geben.
Den Teig in eine gefettete Auflaufform gießen und im vorgeheizten Backofen bei 200 °C (Umluft 180 °C) etwa 35 Min. backen.

Sophies Tipp

Anstelle der Mirabellen können Sie 4 Äpfel oder Birnen verwenden.

1 Ananas (etwa 1,2 kg)
125 g feiner Streuzucker
125 g weiche leicht gesalzene Butter
3 Päckchen Vanillezucker
50 g gemahlene Mandeln
3 Eier
200 g Mehl
1/2 Päckchen Backpulver
200 ml ungesüßter Ananassaft
120 g Crème épaisse*
Fett für die Form

Die Ananas schälen, den Strunk entfernen und das Fruchtfleisch in Stücke schneiden. Die Ananasstücke mit 25 g Zucker bestreuen.
Die Butter in einer Schüssel mit dem Vanillezucker, den Mandeln und dem restlichen Zucker vermischen. Die Eier nach und nach unterrühren. Das Mehl, das Backpulver, den Ananassaft und die Crème hinzufügen und alles zu einem Teig verrühren.
Den Teig in eine gefettete Kastenform (etwa 24 cm Länge) geben und die Ananasstücke in Form einer Krone hineindrücken. Den Kuchen im vorgeheizten Backofen bei 200 °C (Umluft 180 °C) etwa 40 Min. backen.
Den Ananaskuchen abkühlen lassen und aus der Form nehmen.

Sophies Tipp

Beträufeln Sie den Ananaskuchen mit Rum, Kirschwasser oder Malibu.

Gedeckter Ananaskuchen

Für 6 Portionen

1 Ananas (etwa 1,2 kg)
3 EL Süßstoffpulver
125 g weiche leicht gesalzene Halbfettbutter
50 g feiner Streuzucker
50 g gemahlene Mandeln
3 Eier
200 g Mehl
1/2 Päckchen Backpulver
200 ml ungesüßter Ananassaft
120 g fettarme Crème épaisse*
Fett für die Form

Die Ananas schälen, den Strunk entfernen und das Fruchtfleisch in Stücke schneiden. Die Ananasstücke mit 1 EL Süßstoff bestreuen.
Die Butter in einer Schüssel mit dem Zucker, den Mandeln und dem restlichen Süßstoff vermischen. Die Eier nach und nach unterrühren. Das Mehl, das Backpulver, den Ananassaft und die Crème hinzufügen und alles zu einem Teig verrühren.
Den Teig in eine gefettete Kastenform (etwa 24 cm Länge) geben und die Ananasstücke in Form einer Krone hineindrücken. Den Kuchen im vorgeheizten Backofen bei 200 °C (Umluft 180 °C) etwa 40 Min. backen.
Den Ananaskuchen abkühlen lassen und aus der Form nehmen.

Sophies Tipp

Anstelle der Ananas können Sie 2–3 Mangos oder 4–5 Birnen verwenden.

Eiskalt genießen

klassisch kalorienbewusst

Spekulatius-Eis

Für 6 Portionen

500 g Sahne
2 Msp. Zimt
4 Eigelb
150 g Zucker
200 g Spekulatius

Die Sahne in einem Topf mit dem Zimt aufkochen.
Die Eigelbe in einer Schüssel mit dem Zucker schaumig schlagen. Die heiße Sahne nach und nach unter ständigem Rühren hinzufügen.
Die Mischung in den Topf zurückgießen und bei geringer Hitze köcheln lassen (Sie darf nicht kochen!), dabei ständig mit einem Holzkochlöffel rühren, bis sie eindickt.
Den Topf vom Feuer nehmen. Die Creme in eine Schüssel füllen und abkühlen lassen, dabei gelegentlich umrühren.
Die Spekulatius zerbröseln und in die Creme rühren.
Die Masse in eine Eismaschine geben und daraus nach Anleitung Eis zubereiten.
Das Spekulatius-Eis sofort servieren oder in den Gefrierschrank stellen.

500 g fettarme Sahne
2 Msp. Zimt
5 Eigelb
4 EL Süßstoffpulver
200 g Spekulatius

Die Sahne in einem Topf mit dem Zimt aufkochen.
Die Eigelbe in einer Schüssel mit dem Süßstoff schaumig schlagen.
Die heiße Sahne nach und nach unter ständigem Rühren hinzufügen.
Die Mischung in den Topf zurückgießen und bei geringer Hitze köcheln lassen (Sie darf nicht kochen!), dabei ständig mit einem Holzkochlöffel rühren, bis sie eindickt.
Den Topf vom Feuer nehmen. Die Creme in eine Schüssel füllen und abkühlen lassen, dabei gelegentlich umrühren.
Die Spekulatius zerbröseln und in die Creme rühren. Die Masse in eine Eismaschine geben und daraus nach Anleitung Eis zubereiten.
Das Spekulatius-Eis sofort servieren oder in den Gefrierschrank stellen.

Sophies Tipp
Ersetzen Sie die Spekulatius durch ein Gebäck Ihrer Wahl.

Carambar*-Eis

Für 6 Portionen

4 Eigelb
20 g feiner Streuzucker
400 ml Milch
100 g Sahne
14 Carambar*-Riegel
(über das Internet)

Die Eigelbe in einer Schüssel mit dem Zucker verrühren.
Die Milch und die Sahne in einen Topf geben und die Carambar-Riegel darin bei mittlerer Hitze schmelzen lassen.
Die Mischung nach und nach zur Eigelb-Zucker-Masse geben und schaumig schlagen. Das Ganze in den Topf zurückgießen und bei geringer Hitze unter ständigem Rühren mit einem Holzkochlöffel köcheln lassen, bis eine glatte Creme entsteht.
Den Topf vom Feuer nehmen. Die Creme in eine Schüssel füllen und abkühlen lassen, dabei gelegentlich umrühren.
Die Masse in eine Eismaschine geben und daraus nach Anleitung Eis zubereiten.
Das Carambar-Eis sofort servieren oder in den Gefrierschrank stellen.

Sophies Tipp

Sie können die Carambar*-Riegel durch etwa 20 salzige Karamellbonbons, eine bretonische Spezialität, oder durch andere Schoko-Karamell-Riegel ersetzen.

5 Eigelb
3 EL Süßstoffpulver
400 ml Milch
(1,5 % oder 0,5 % Fett)
100 g fettarme Sahne
14 Carambar*-Riegel
(über das Internet)

Die Eigelbe in einer Schüssel mit dem Süßstoff verquirlen.
Die Milch und die Sahne in einen Topf geben und die Carambar-Riegel darin bei mittlerer Hitze schmelzen lassen.
Die Mischung nach und nach zur Eigelb-Süßstoff-Masse geben und schaumig schlagen.
Das Ganze in den Topf zurückgießen und bei geringer Hitze unter ständigem Rühren mit einem Holzkochlöffel köcheln lassen, bis eine glatte Creme entsteht.
Den Topf vom Feuer nehmen. Die Creme in eine Schüssel füllen und abkühlen lassen, dabei gelegentlich umrühren.
Die Masse in eine Eismaschine geben und daraus nach Anleitung Eis zubereiten.
Das Carambar-Eis sofort servieren oder in den Gefrierschrank stellen.

Sophies Tipp
Vergessen Sie nicht, das Eis etwa 15 Min. vor dem Servieren aus dem Gefrierschrank zu nehmen!

Champagner-Granité*

Für 10 Portionen

2 EL Wasser
50 g feiner Streuzucker
375 ml Rosé-Champagner

Das Wasser in einem Topf mit dem Zucker aufkochen.
Den Topf vom Feuer nehmen, den Champagner unterrühren und die Flüssigkeit abkühlen lassen.
Die Mischung in eine flache Form gießen und 2 Std. in den Gefrierschrank stellen, dabei alle 30 Min. mit einer Gabel rühren, damit eine gleichmäßige Textur entsteht.

Sophies Tipp

Durch den Champagner gefriert das Granité* nicht zu einem kompakten Block, daher kann es schon am Vortag zubereitet werden.

375 ml Rosé-Champagner
4 EL Süßstoffpulver

Den Champagner in einer Schüssel mit dem Süßstoff verrühren.
Die Mischung in eine flache Form gießen und 2 Std. in den Gefrierschrank stellen, dabei alle 30 Min. mit einer Gabel rühren, damit eine gleichmäßige Textur entsteht.

Sophies Tipp

Anstelle von Champagner können Sie auch Cidre, Sauternes oder Poiré* verwenden.

Norwegisches Omelett

Für 10 Portionen

1 l Vanilleeis
250 g Himbeer- oder Erdbeersorbet (Naturkostladen)
Fett und Mehl für die Form

Für das Biskuit:
4 Eigelb
180 g feiner Streuzucker
100 g Mehl
4 Eiweiß

Für den Sirup:
150 ml Wasser
150 g Zucker
3 EL Marsala, Rum oder Cognac

Für das Baiser:
3 Eiweiß (etwa 100 g)
100 g feiner Streuzucker
2 EL Wasser

Für das Biskuit die Eigelbe in einer Schüssel mit dem Zucker schaumig schlagen, dann das Mehl unterrühren. Die Eiweiße zu Schnee schlagen und unter die Masse heben.
Den Teig in eine gefettete und mit Mehl bestäubte Kastenform (26 cm Länge) geben und im vorgeheizten Backofen bei 200 °C (Umluft 180 °C) etwa 30 Min. backen.
Das Biskuit abkühlen lassen, aus der Form lösen und waagerecht in zwei Scheiben schneiden, sobald es ausgekühlt ist.
Für den Sirup das Wasser in einem Topf mit dem Zucker aufkochen und den Marsala hinzufügen.
Die Kastenform mit Backpapier auskleiden (s. oben rechts). Die Hälfte des Vanilleeises in die Form füllen und mit einer Schicht Biskuit bedecken. Die Biskuitscheibe großzügig mit dem Sirup bestreichen und darauf nacheinander das Sorbet und das restliche Vanilleeis verteilen. Die Oberfläche glattstreichen, mit der zweiten Biskuithälfte bedecken und diese mit dem Rest des Sirups tränken. Das Backpapier darüberklappen und die Form für mind. 3 Std. in den Gefrierschrank stellen.
Für das Baiser die Eiweiße sehr steif schlagen. Den Zucker und das Wasser in einen Topf füllen, auf 121 °C erhitzen und unter ständigem Rühren zum Eischnee geben. So lange weiterrühren, bis die Masse vollständig abgekühlt ist.
Den Eiskuchen aus dem Gefrierschrank nehmen, aus der Form lösen und alle Seiten mit der Hälfte der Baisermasse bestreichen. Die restliche Baisermasse mit Hilfe einer Sterntülle als Dekoration auf der Oberfläche verteilen und mit einem Flambierbrenner bräunen (s. S. 87).
Das Norwegische Omelett bis zum Servieren im Gefrierschrank aufbewahren.

Sophies Tipp

Um den Zucker auf exakt 121 °C erhitzen zu können, benutzen Sie am besten ein digitales Küchenthermometer.

1 l kalorienreduziertes Vanilleeis
250 g Himbeer- oder Erdbeersorbet (Naturkostladen)
Fett und Mehl für die Form

Für das Biskuit:
5 Eigelb
2 EL Süßstoffpulver
90 g feiner Streuzucker
100 g Mehl
5 Eiweiß

Für den Sirup:
4 EL Süßstoffpulver
3 EL Marsala, Rum oder Cognac

Für das Baiser:
3 Eiweiß (etwa 100 g)
2 EL Süßstoffpulver

Für das Biskuit die Eigelbe in einer Schüssel mit dem Süßstoff und dem Zucker schaumig schlagen, dann das Mehl unterrühren. Die Eiweiße zu Schnee schlagen und unter die Masse heben.

Den Teig in eine gefettete und mit Mehl bestäubte Kastenform (26 cm Länge) geben und im vorgeheizten Backofen bei 200 °C (Umluft 180 °C) etwa 30 Min. backen. Das Biskuit abkühlen lassen, aus der Form lösen und waagerecht in zwei Scheiben schneiden, sobald es ausgekühlt ist.

Für den Sirup den Süßstoff mit dem Marsala verrühren.

Die Kastenform mit Backpapier auskleiden (s. S. 85). Die Hälfte des Vanilleeises in die Form füllen und mit einer Schicht Biskuit bedecken. Die Biskuitscheibe großzügig mit dem Sirup bestreichen und darauf nacheinander das Sorbet und das restliche Vanilleeis verteilen. Die Oberfläche glattstreichen, mit der zweiten Biskuithälfte bedecken und diese mit dem Rest des Sirups tränken. Das Backpapier darüberklappen und die Form für mind. 3 Std. in den Gefrierschrank stellen.

Für das Baiser die Eiweiße sehr steif schlagen und den Süßstoff unterrühren.

Den Eiskuchen aus dem Gefrierschrank nehmen, aus der Form lösen und alle Seiten mit der Hälfte der Baisermasse bestreichen.

Die restliche Baisermasse mit Hilfe einer Sterntülle als Dekoration auf der Oberfläche verteilen und mit einem Flambierbrenner bräunen (s. rechts).

Das Norwegische Omelett bis zum Servieren im Gefrierschrank aufbewahren.

Sophies Tipps

Nehmen Sie das Norwegische Omelett etwa 20 Min. vor dem Servieren aus dem Gefrierschrank. Traditionell wird dieses Dessert flambiert serviert, je nach Geschmack mit Grand Marnier, Rum oder Cointreau.

Glace plombières*

100 g kandierte Früchte
2 EL Kirschwasser
500 g Sahne
4 Eigelb
150 g feiner Streuzucker

Die kandierten Früchte in einer Schüssel mit dem Kirschwasser beträufeln und durchziehen lassen.
Die Sahne in einem Topf zum Kochen bringen.
Die Eigelbe in einer Schüssel mit dem Zucker schaumig schlagen und die heiße Sahne nach und nach unterrühren.
Die Mischung in den Topf zurückgießen und bei geringer Hitze köcheln lassen (Sie darf nicht kochen!), dabei ständig mit einem Holzkochlöffel rühren, bis eine glatte Creme entsteht.
Den Topf vom Feuer nehmen. Die Creme in eine Schüssel füllen und abkühlen lassen, dabei gelegentlich umrühren.
Die Masse in eine Eismaschine geben und daraus nach Anleitung Eis zubereiten. Die kandierten Früchte 2 Min. vor Ende der Zubereitungszeit hinzufügen.
Das Glace plombières im Gefrierschrank aufbewahren.

Für 6 Portionen

500 g fettarme Sahne
5 Eigelb
4 EL Süßstoffpulver
100 g kandierte Früchte

Die Sahne in einem Topf zum Kochen bringen.
Die Eigelbe in einer Schüssel mit dem Süßstoff schaumig schlagen und die heiße Sahne nach und nach unterrühren.
Die Mischung in den Topf zurückgießen und bei geringer Hitze köcheln lassen (Sie darf nicht kochen!), dabei ständig mit einem Holzkochlöffel rühren, bis eine glatte Creme entsteht.
Den Topf vom Feuer nehmen. Die Creme in eine Schüssel füllen und abkühlen lassen, dabei gelegentlich umrühren.
Die Masse in eine Eismaschine geben und daraus nach Anleitung Eis zubereiten. Die kandierten Früchte 2 Min. vor Ende der Zubereitungszeit hinzufügen.
Das Glace plombières im Gefrierschrank aufbewahren.

Sophies Tipps

Sie können die fettarme Sahne zur Hälfte durch 250 ml Milch (1,5 % Fett) ersetzen und anstelle der kandierten Früchte gewürfelte frische Früchte (Birnen, Feigen, Kiwis, Orangen) verwenden.

Mamans Lieblingsdesserts

klassisch kalorienbewusst

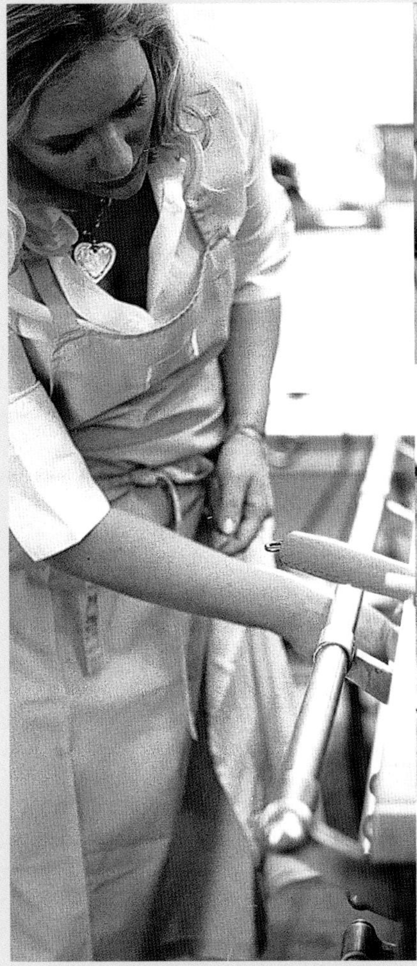

Grand-Marnier-Soufflé

Für 6 Portionen

400 ml Milch
6 Eigelb
35 g feiner Streuzucker
60 g Mehl
30 g Butter
15 cl Grand Marnier
6 Eiweiß
Fett und Mehl für die Form
1 EL Puderzucker

Die Milch in einem Topf zum Kochen bringen.
In der Zwischenzeit die Eigelbe in einer Schüssel mit dem Zucker verrühren. Unter ständigem Rühren erst das Mehl, dann die heiße Milch hinzufügen.
Die Mischung in den Milchtopf gießen und bei geringer Hitze 3 Min. köcheln lassen.
Den Topf vom Feuer nehmen. Die kleingeschnittene Butter und den Likör zu der Mischung geben, gut verrühren und die Masse abkühlen lassen.
Die Eiweiße sehr steif schlagen und den Eischnee unter die abgekühlte Masse heben.
Eine gefettete und mit Mehl bestäube Soufflé-Form zur Hälfte mit dem Teig füllen. Das Soufflé im vorgeheizten Backofen bei 220 °C (Umluft 200 °C) etwa 25 Min. backen, dann aus dem Ofen nehmen, mit Puderzucker bestäuben und sofort servieren.

Sophies Tipps

Nachdem Sie die Soufflé-Form eingefettet und mit Mehl bestäubt haben, dürfen Sie sie innen nicht mehr berühren! Ein einziger Fingerabdruck genügt, damit das Soufflé festklebt und nicht aufgeht.
Einfacher ist es, das Soufflé in Portionsförmchen zuzubereiten.
Servieren Sie das Soufflé sofort nach dem Backen, damit es nicht zusammenfällt.

400 ml Milch
(1,5 % oder 0,5 % Fett)
6 Eigelb
6 EL Süßstoffpulver
60 g Mehl
30 g Halbfettbutter
15 cl Grand Marnier
6 Eiweiß
Fett und Mehl für die Form

Die Milch in einem Topf zum Kochen bringen. In der Zwischenzeit die Eigelbe in einer Schüssel mit dem Süßstoff verrühren. Unter ständigem Rühren erst das Mehl, dann die heiße Milch hinzufügen.
Die Mischung in den Milchtopf gießen und bei geringer Hitze 3 Min. köcheln lassen. Den Topf vom Feuer nehmen. Die kleingeschnittene Butter und den Likör zu der Mischung geben, gut verrühren und die Masse abkühlen lassen. Die Eiweiße sehr steif schlagen und den Eischnee unter die abgekühlte Masse heben.
Eine gefettete und mit Mehl bestäube Soufflé-Form zur Hälfte mit dem Teig füllen. Das Soufflé im vorgeheizten Backofen bei 220 °C (Umluft 200 °C) etwa 25 Min. backen, dann aus dem Ofen nehmen und sofort servieren.

Sophies Tipp
Anstelle von Grand Marnier können Sie auch Cointreau, Sauternes oder Pineau des Charentes* verwenden.

Tiramisu

Für 8 Portionen

6 Eigelb
150 g feiner Streuzucker
1 TL gemahlene Vanille
500 g Mascarpone
6 Eiweiß
1 Prise Salz
3 EL Amaretto, Marsala oder Rum
500 ml kalter Espresso
etwa 30 Löffelbiskuits
30 g ungesüßtes Kakaopulver

Die Eigelbe in einer Schüssel mit dem Zucker und der Vanille verrühren. Den Mascarpone untermischen. Die Eiweiße mit dem Salz zu festem Schnee schlagen und unterheben.
Den Amaretto in den Espresso gießen und die Löffelbiskuits je einmal hineintunken.
Die Hälfte der Kekse auf dem Boden einer Auflaufform verteilen und mit einer Schicht Mascarpone-Creme bedecken. Darüber eine weitere Schicht Löffelbiskuits legen und mit der Creme bestreichen.
Das Tiramisu mind. 12 Std. in den Kühlschrank stellen und vor dem Servieren mit dem Kakao bestäuben.

Sophies Tipp

Sie können den Eischnee durch 500 g Schlagsahne ersetzen.

6 Eigelb
6 EL Süßstoffpulver
1 TL gemahlene Vanille
250 g Quark (20 % Fett)
250 g fettarme Crème épaisse*
6 Eiweiß
1 Prise Salz
3 EL Amaretto, Marsala oder Rum
500 ml kalter Espresso
etwa 30 Löffelbiskuits
30 g ungesüßtes Kakaopulver

Die Eigelbe in einer Schüssel mit dem Süßstoff und der Vanille verrühren. Den Quark und die Crème untermischen. Das Eiweiße mit dem Salz zu festem Schnee schlagen und nterheben. Den Amaretto in den Espresso gießen und die Löffelbiskuits je einmal hineintunken.
Die Hälfte der Kekse auf dem Boden einer Auflaufform verteilen und mit einer Schicht Mascarpone-Creme bedecken. Darüber eine weitere Schicht Löffelbiskuits legen und mit der Creme bestreichen.
Das Tiramisu mind. 12 Std. in den Kühlschrank stellen und vor dem Servieren mit dem Kakao bestäuben.

Sophies Tipps

Noch besser schmeckt das Tiramisu, wenn es am Vortag zubereitet wird (wegen der rohen Eier jedoch nicht eher!).
Für ein festliches Diner können Sie das Tiramisu in stilvollen Gläsern oder Pokalen anrichten.

2 Eier
2 Eigelb
4 EL Süßstoffpulver
250 ml Milch
(1,5 % oder 0,5 % Fett)
250 g fettarme Sahne
6 Scheiben Brioche*
40 g Halbfettbutter

Für den Coulis*:
250 g Himbeeren oder Erdbeeren
3 EL Süßstoffpulver

Für den Coulis die Himbeeren im Mixer mit dem Süßstoff pürieren, durch ein feines Sieb streichen und in den Kühlschrank stellen.
Die Eier, die Eigelbe und den Süßstoff in einer Schüssel schaumig schlagen, dann nach und nach die Milch und die Sahne unterrühren. Die Brioche-Scheiben in die Ei-Masse tunken, bis sie sich vollgesogen haben.
Die Butter in einer Pfanne zerlassen und die Brioche darin bei mittlerer Hitze von beiden Seiten goldbraun braten.
Den Coulis auf 6 Teller verteilen, je 1 Brioche-Scheibe darauf anrichten und jede Portion mit 1 Kugel Sorbet (Naturkostladen) nach Wahl servieren.

Armer Ritter

Für 6 Portionen

2 Eier
2 Eigelb
100 g Zucker
1/2 TL gemahlene Vanille
250 ml Milch
250 g Sahne
6 Scheiben Brioche*
50 g Butter

Für die Karamellcreme:
100 g feiner Streuzucker
3 EL Wasser
30 g leicht gesalzene Butter
200 g Sahne

Für die Karamellcreme den Zucker und das Wasser in einem Topf bei starker Hitze zum Kochen bringen. Den Topf vom Feuer nehmen, sobald der Zucker goldbraun karamellisiert ist. Nacheinander die Butter und die Sahne hinzufügen, die Mischung gut verrühren und abkühlen lassen (dabei wird sie dickflüssiger).
Die Eier, die Eigelbe, den Zucker und die Vanille in einer Schüssel schaumig schlagen, dann nach und nach die Milch und die Sahne unterrühren. Die Brioche-Scheiben in die Ei-Masse tunken, bis sie sich vollgesogen haben.
Die Butter in einer Pfanne zerlassen und die Brioche darin bei mittlerer Hitze von beiden Seiten goldbraun braten.
Die Karamellcreme auf 6 Teller verteilen, je 1 Brioche-Scheibe darauf anrichten und jede Portion mit 1 Kugel Karamell- oder Vanilleeis servieren.

Sophies Tipp

Sie können die Karamellcreme bis zu 48 Std. im Voraus zubereiten und vor dem Servieren für etwa 30 Sek. in die Mikrowelle stellen, damit sie wieder flüssig wird.

Crème brûlée

Für 6 feuerfeste Schälchen von 12 cm Durchmesser

8 Eigelb
80 g feiner Streuzucker
1/2 TL gemahlene Vanille
600 g Sahne
6 EL Rohrohrzucker

Die Eigelbe in einer Schüssel mit dem Zucker und der Vanille verrühren. Die Sahne in einem Topf erhitzen und zu der Ei-Masse geben.
Die Creme auf 6 Schälchen verteilen und im vorgeheizten Backofen bei 120 °C (Umluft 100 °C) etwa 40 Min. backen.
Die Schälchen aus dem Ofen nehmen, abkühlen lassen und in den Kühlschrank stellen.
Jede Portion Crème brûlée vor dem Servieren mit 1 EL Zucker bestreuen und mit einem Flambierbrenner oder unter dem heißen Backofengrill karamellisieren.

Sophies Tipp

Perfekt ist die Crème brûlée, wenn sie am Rand fest und in der Mitte noch flüssig ist.

8 Eigelb
3 EL Süßstoffpulver
600 g fettarme Sahne
6 EL Rohrohrzucker
(nach Belieben)

Die Eigelbe in einer Schüssel mit dem Süßstoff verrühren. Die Sahne in einem Topf erhitzen und zu der Ei-Masse geben. Die Creme auf 6 Schälchen verteilen und im vorgeheizten Backofen bei 120 °C (Umluft 100 °C) etwa 40 Min. backen. Die Schälchen aus dem Ofen nehmen, abkühlen lassen und in den Kühlschrank stellen.
Nach Belieben jede Portion Crème brûlée vor dem Servieren mit 1 EL Zucker bestreuen und mit einem Flambierbrenner oder unter dem heißen Backofengrill karamellisieren.

Sophies Tipps

Die Sahne sollte nicht zu heiß sein, wenn Sie sie zur Ei-Masse geben, da diese sonst stockt.
Verfeinern Sie die Crème brûlée mit Vanille-, Zimt-, Mandel- oder Orangenaroma.

Marmorkuchen

Für 8 Portionen

250 g weiche leicht gesalzene Butter
250 g feiner Streuzucker
3 Eier
200 g Mehl
1/2 Päckchen Backpulver
80 g Speisestärke
100 ml warme Milch
100 g Edelbitterschokolade (60 % Kakao)
1 TL gemahlene Vanille
2 EL Rum (nach Belieben)
Fett und Mehl für die Form

Die Butter in einer Schüssel mit dem Zucker vermischen.
Nacheinander die Eier, das Mehl, das Backpulver, die Speisestärke und die Milch unterrühren.
Den Teig in 2 Portionen teilen.
Die Schokolade in Stücke brechen und in der Mikrowelle oder im Wasserbad auf dem Herd schmelzen.
Die flüssige Schokolade mit der Hälfte des Teigs verrühren.
Den restlichen Teig mit der Vanille und dem Rum vermengen.
Die Hälfte des Vanilleteigs in eine gefettete und mit Mehl bestäubte Springform (24 cm Durchmesser) gießen. Den Schokoladenteig darübergeben und mit dem restlichen Vanilleteig bedecken.
Den Marmorkuchen im vorgeheizten Backofen bei 200 °C (Umluft 180 °C) etwa 35 Min. backen.

200 g weiche leicht gesalzene Halbfettbutter
50 g feiner Streuzucker
4 EL Süßstoffpulver
4 Eier
200 g Mehl
½ Päckchen Backpulver
80 g Speisestärke
100 ml warme Milch (1,5 % oder 0,5 % Fett)
100 g Edelbitterschokolade (60 % Kakao)
1 TL gemahlene Vanille
2 EL Rum (nach Belieben)
Fett und Mehl für die Form

Die Butter in einer Schüssel mit dem Zucker und dem Süßstoff vermischen. Nacheinander die Eier, das Mehl, das Backpulver, die Speisestärke und die Milch unterrühren.
Den Teig in 2 Portionen teilen.
Die Schokolade in Stücke brechen und in der Mikrowelle oder im Wasserbad auf dem Herd schmelzen.
Die flüssige Schokolade mit der Hälfte des Teigs verrühren.
Den restlichen Teig mit der Vanille und dem Rum vermengen.
Die Hälfte des Vanilleteigs in eine gefettete und mit Mehl bestäubte Springform (24 cm Durchmesser) geben. Den Schokoladenteig darübergeben und mit dem restlichen Vanilleteig bedecken.
Den Marmorkuchen im vorgeheizten Backofen bei 200 °C (Umluft 180 °C) etwa 35 Min. backen.

Sophies Tipp

Schmelzen Sie die Schokolade in der Mikrowelle nicht länger als 1 Min., damit sie nicht zu kochen beginnt. Sollte sie danach noch nicht flüssig sein, stellen Sie sie für weitere 30 Sek. in die Mikrowelle.

Sophies Tipp

Sollten Sie vergessen haben, die Butter rechtzeitig aus dem Kühlschrank zu nehmen, legen Sie sie für 20 Sek. bei höchster Stufe in die Mikrowelle – schon ist sie weich genug.

Joghurtkuchen

Für 8–10 Portionen

2 Eier
160 g feiner Streuzucker
125 g Natur- oder Vanillejoghurt
150 g Mehl
1/3 Päckchen Backpulver
100 ml Sonnenblumenöl
Fett und Mehl für die Form

Die Eier in einer Schüssel mit dem Zucker verrühren. Den Joghurt, das Mehl und das Backpulver hinzufügen und untermischen. Das Öl unter ständigem Rühren nach und nach dazugeben.
Den Teig in eine gefettete und mit Mehl bestäubte Springform (24 cm Durchmesser) geben und im vorgeheizten Backofen bei 200 °C (Umluft 180 °C) etwa 35 Min. backen.

Sophies Tipp

Schneiden Sie den Kuchen waagerecht in zwei Hälften und bestreichen Sie ihn mit Marmelade oder einer Creme Ihrer Wahl.

3 Eier
50 g feiner Streuzucker
3 EL Süßstoffpulver
125 g Naturjoghurt (0,1 % Fett)
150 g Mehl
1/3 Päckchen Backpulver
80 ml Sonnenblumenöl
Fett und Mehl für die Form

Die Eier in einer Schüssel mit dem Zucker und dem Süßstoff verrühren. Den Joghurt, das Mehl und das Backpulver hinzufügen und untermischen. Das Öl unter ständigem Rühren nach und nach dazugeben.
Den Teig in eine gefettete und mit Mehl bestäubte Springform (24 cm Durchmesser) geben und im vorgeheizten Backofen bei 200 °C (Umluft 180 °C) etwa 35 Min. backen.

Sophies Tipp

In Alufolie gewickelt, ist der Kuchen bei Zimmertemperatur bis zu 10 Tage haltbar.

Teurgoule*

Für 6 Portionen

180 g Rundkornreis
2 l Milch
200 g feiner Streuzucker
10 g Butter
1 Prise Salz
2 TL gemahlene Vanille

Den Reis in einem Topf mit kaltem Wasser bedecken und bei starker Hitze zum Kochen bringen, dann abtropfen lassen.
Die Milch in einem weiteren Topf mit dem Zucker aufkochen. Den Topf vom Feuer nehmen und die Butter, das Salz, die Vanille und den Reis unterrühren.
Die Masse in eine feuerfeste Form geben und im vorgeheizten Backofen bei 140 °C (Umluft 120 °C) und geschlossener Ofentür etwa 4 Std. garen, bis der Teurgoule eine goldbraune Kruste hat.

Sophies Tipp
Traditionell wird Teurgoule* mit Zimt zubereitet.

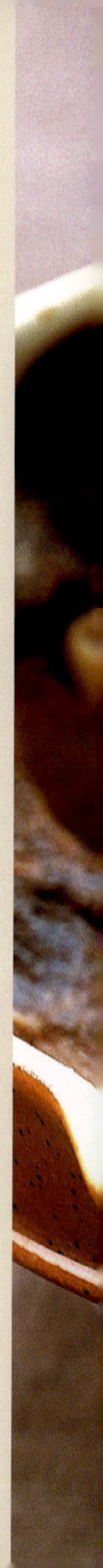

180 g Rundkornreis
2 l Milch (1,5 % Fett)
6 EL Süßstoffpulver
1 Prise Salz
2 TL gemahlene Vanille

Den Reis in einem Topf mit kaltem Wasser bedecken und bei starker Hitze zum Kochen bringen, dann abtropfen lassen.
Die Milch in einem weiteren Topf mit dem Süßstoff aufkochen. Den Topf vom Feuer nehmen und das Salz, die Vanille und den Reis unterrühren.
Die Masse in eine feuerfeste Form geben und im vorgeheizten Backofen bei 140 °C (Umluft 120 °C) und geschlossener Ofentür etwa 4 Std. garen, bis der Teurgoule eine goldbraune Kruste hat.

Sophies Tipp
Wählen Sie eine leichte Hauptspeise zu diesem Dessert.

Grießkuchen

Für 8 Portionen

100 g grüne Weinbeeren oder Korinthen
3 EL brauner Rum
750 ml Milch (1,5 % oder 0,5 % Fett)
4 EL Süßstoffpulver
10 g gemahlene Mandeln
1 Vanilleschote, aufgeschlitzt
125 g feiner Weizengrieß
3 Eier
Fett für die Form

Die Weinbeeren mit dem Rum beträufeln und gut durchziehen lassen.
Die Milch in einem Topf mit dem Süßstoff, den Mandeln und der Vanilleschote aufkochen. Den Grieß einrieseln lassen und bei mittlerer Hitze etwa 2 Min. kochen, bis die Mischung eindickt.
Die Vanilleschote entfernen. Den Topf vom Feuer nehmen und die Eier sowie die abgetropften Weinbeeren untermischen.
Den Teig in eine gefettete Brioche-Form oder in 8 gefettete Gugelhupf-Förmchen geben, glattstreichen und im vorgeheizten Backofen bei 200 °C (Umluft 180 °C) etwa 20 Min. backen.
Den Grießkuchen abkühlen lassen und aus der Form stürzen.

Sophies Tipp

Servieren Sie zum Grießkuchen ein Fruchtpüree: Dazu 150 g Erdbeeren mit 1 EL Süßstoffpulver pürieren.

100 g grüne Weinbeeren oder Korinthen
3 EL brauner Rum
750 ml Milch
125 g Zucker
10 g gemahlene Mandeln
1 TL gemahlene Vanille
125 g feiner Weizengrieß
100 g Butter
3 Eier

Für den Karamell:
100 g feiner Streuzucker
2 EL Wasser
1 Schuss Zitronensaft

Die Weinbeeren mit Rum beträufeln und gut durchziehen lassen.
Für den Karamell den Zucker und das Wasser in einem kleinen Topf bei starker Hitze zum Kochen bringen (dabei nicht rühren!). Den Topf vom Feuer nehmen, sobald der Zucker goldbraun karamellisiert ist, und den Zitronensaft unterrühren. Den Karamell in eine Brioche-Form füllen oder auf 8 Gugelhupf-Förmchen verteilen (dabei auch die Wände mit Karamell auskleiden) und die Form in den Kühlschrank stellen.
Die Milch in einem Topf mit dem Zucker, den Mandeln und der Vanille aufkochen. Den Grieß einrieseln lassen und bei mittlerer Hitze etwa 2 Min. kochen, bis die Mischung eindickt. Den Topf vom Feuer nehmen und die kleingeschnittene Butter, die Eier und die abgetropften Weinbeeren untermischen.
Den Teig in die Form geben oder auf die Förmchen verteilen, glattstreichen und im vorgeheizten Backofen bei 200 °C (Umluft 180 °C) etwa 20 Min. backen.
Den Grießkuchen abkühlen lassen und aus der Form stürzen.

Sophies Tipp

Ersetzen Sie die gemahlenen Mandeln durch Kokosraspeln und die Weinbeeren durch andere Trockenfrüchte (Aprikosen, Feigen...).

Die Klassiker

klassisch kalorienbewusst

Sophie

Schwarzwälder

200 g Edelbitterschokolade
(60 % Kakao)
100 g Butter
8 Eigelb
200 g feiner Streuzucker
40 g Mehl
8 Eiweiß
Fett und Mehl für die Form
100 g Schokoraspeln

Für die Füllung:
400 g Sauerkirschen
aus dem Glas
10 cl Kirschwasser
400 g Sahne
2 Päckchen Vanillezucker
1 Päckchen Sahnesteif

Für die Füllung die Kirschen abtropfen lassen und in eine Schüssel geben, mit dem Kirschwasser beträufeln und 2 Std. durchziehen lassen. Die Sahne mit dem Vanillezucker und dem Sahnesteif steifschlagen und kalt stellen.
Die Schokolade in Stücke brechen, mit der Butter in einen Topf geben und in der Mikrowelle 90 Sek. auf höchster Stufe oder im Wasserbad auf dem Herd schmelzen.
Die Eigelbe in einer Schüssel mit dem Zucker schaumig schlagen. Nacheinander die flüssige Schokolade und das Mehl unterrühren. Die Eiweiße sehr steif schlagen und den Eischnee unter die Masse heben.
Den Teig in eine gefettete und mit Mehl bestäubte Springform (26 cm Durchmesser) geben und im vorgeheizten Backofen bei 200 °C (Umluft 180 °C) etwa 25 Min. backen.
Den Boden aus der Form stürzen, auf einem Kuchengitter auskühlen lassen und waagerecht in zwei gleichmäßig dicke Scheiben schneiden.
Die Kirschen abtropfen lassen, dabei den Saft auffangen und die Innenseiten der Tortenbodenhälften damit tränken.
Einen der Böden mit der Hälfte der Schlagsahne bestreichen und mit Kirschen belegen. Die Kirschen mit dem zweiten Boden bedecken und diesen mit der restlichen Schlagsahne bestreichen.
Die Schwarzwälder Kirschtorte mit Kirschen garnieren, mit den Schokoraspeln bestreuen und mind. 2 Std. im Kühlschrank ruhen lassen.

Kirschtorte à la Sophie

Für 8 Portionen

200 g Edelbitterschokolade (60 % Kakao)
100 g Halbfettbutter
8 Eigelb
50 g feiner Streuzucker
3 EL Süßstoffpulver
40 g Mehl
8 Eiweiß
Fett und Mehl für die Form
100 g Schokoraspeln

Für die Füllung:
400 g Sauerkirschen aus dem Glas
10 cl Kirschwasser
400 g fettarme Sprühsahne
2 EL Süßstoffpulver
1 Päckchen Sahnesteif

Die Kirschen abtropfen lassen und in eine Schüssel geben, mit dem Kirschwasser beträufeln und 2 Std. durchziehen lassen. Die Sahne mit dem Süßstoff und dem Sahnesteif steifschlagen und kalt stellen.
Die Schokolade in Stücke brechen, mit der Butter in einen Topf geben und in der Mikrowelle 90 Sek. auf höchster Stufe oder im Wasserbad auf dem Herd schmelzen.
Die Eigelbe in einer Schüssel mit dem Zucker und dem Süßstoff schaumig schlagen. Nacheinander die flüssige Schokolade und das Mehl unterrühren.
Die Eiweiße sehr steif schlagen und den Eischnee unter die Masse heben.
Den Teig in eine gefettete und mit Mehl bestäubte Springform (26 cm Durchmesser) geben und im vorgeheizten Backofen bei 200 °C (Umluft 180 °C) etwa 25 Min. backen.
Den Boden aus der Form stürzen, auf einem Kuchengitter auskühlen lassen und waagerecht in zwei gleichmäßig dicke Scheiben schneiden.
Die Kirschen abtropfen lassen, dabei den Saft auffangen und die Innenseiten der Tortenbodenhälften damit tränken.
Einen der Böden mit der Hälfte der Schlagsahne bestreichen und mit Kirschen belegen. Die Kirschen mit dem zweiten Boden bedecken und diesen mit der restlichen Schlagsahne bestreichen.
Die Schwarzwälder Kirschtorte mit Kirschen garnieren, mit den Schokoraspeln bestreuen und mind. 2 Std. im Kühlschrank ruhen lassen.

Apropos

Im Handel dürfen nur Torten, die Kirschwasser und weitere vorgeschriebene Zutaten enthalten, die Bezeichnung »Schwarzwälder Kirschtorte« tragen.

Baba au rhum*

Für 6 Portionen

3 Eigelb
50 g feiner Streuzucker
2 EL Milch
130 g Mehl
1/2 Päckchen Backpulver
3 Eiweiß
Fett für die Form
250 ml Wasser
80 g feiner Streuzucker
6 EL brauner Rum

Die Eigelbe in einer Schüssel mit dem Zucker schaumig schlagen. Nacheinander die Milch, das Mehl und das Backpulver unterrühren. Die Eiweiße sehr steif schlagen und den Eischnee unter die Masse heben.
Den Teig in eine gefettete gewellte Kranzform geben oder auf 6 Baba-Förmchen verteilen und im vorgeheizten Backofen bei 200 °C (Umluft 180 °C) etwa 25 Min. backen.
In der Zwischenzeit das Wasser in einem Topf mit dem Zucker aufkochen. Den Rum unterrühren, den Sirup vom Feuer nehmen und beiseitestellen.
Den Kuchen aus dem Ofen nehmen und mehrmals mit dem Sirup übergießen, bis er sich vollgesogen hat.
Den Baba au rhum aus der Form stürzen und servieren.

Sophies Tipp

Zum Baba au rhum* passen Schlagsahne oder Crème légère (Seite 14) und Früchte.

3 Eigelb
10 g feiner Streuzucker
2 EL Süßstoffpulver
2 EL Milch (1,5 % oder 0,5 % Fett)
130 g Mehl
1/2 Päckchen Backpulver
3 Eiweiß
Fett für die Form
250 ml Wasser
4 EL Süßstoffpulver
6 EL brauner Rum

Die Eigelbe in einer Schüssel mit dem Zucker und dem Süßstoff schaumig schlagen. Nacheinander die Milch, das Mehl und das Backpulver unterrühren. Die Eiweiße sehr steif schlagen und den Eischnee unter die Masse heben.
Den Teig in eine gefettete gewellte Kranzform geben oder auf 6 Baba-Förmchen verteilen und im vorgeheizten Backofen bei 200 °C (Umluft 180 °C) etwa 25 Min. backen.
In der Zwischenzeit das Wasser in einem Topf mit dem Süßstoff aufkochen. Den Rum unterrühren, den Sirup vom Feuer nehmen und beiseitestellen.
Den Kuchen aus dem Ofen nehmen und mehrmals mit dem Sirup übergießen, bis er sich vollgesogen hat.
Den Baba au rhum aus der Form stürzen und servieren.

Sophies Tipps
Wenn Sie spezielle Baba-Förmchen verwenden, können Sie den Teig auch mit einem Spritzbeutel portionieren. Die Förmchen nur zur Hälfte füllen.
Die Mini-Babas nach dem Backen in den Sirup tauchen, damit sie sich gut vollsaugen.

Baskischer Kirschkuchen

Für 6–8 Portionen

275 g Mehl
1 Päckchen Backpulver
200 g feiner Streuzucker
1 Päckchen Vanillezucker
70 g gemahlene Mandeln (nach Belieben)
abgeriebene Schale von 1 unbehandelten Zitrone
1 Ei
2 Eigelb
175 g weiche leicht gesalzene Butter
Fett und Mehl für die Form
180 g Schwarzkirschkonfitüre
1 Eigelb, mit etwas Wasser verquirlt

Das Mehl, das Backpulver, den Zucker, den Vanillezucker, die Mandeln und die Zitronenschale in einer Schüssel vermischen. Nacheinander das Ei, die Eigelbe und die Butter unterrühren. Den Teig zu einer Kugel formen, in Frischhaltefolie einschlagen und mind. 2 Std. im Kühlschrank ruhen lassen.
Den Teig in eine größere und eine kleinere Portion teilen. Mit der größeren Portion den Boden und den Rand einer gefetteten und mit Mehl bestäubten Springform (24 cm Durchmesser) auskleiden. Die Konfitüre in die Mitte geben und gleichmäßig verstreichen. Den restlichen Teig mit den Händen plattdrücken, wie einen Deckel auf die Konfitüre legen und am Rand der Form gut andrücken. Die Teigoberfläche mit dem Eigelb bestreichen und leicht mit einer Gabel einstechen.
Den Kuchen im vorgeheizten Backofen bei 200 °C (Umluft 180 °C) etwa 45 Min. backen, bis er goldbraun ist, dann aus dem Ofen nehmen und auskühlen lassen.
Den Baskischen Kirschkuchen aus der Form nehmen und kalt servieren.

Sophies Tipps

Natürlich können Sie auch andere Konfitüren verwenden.
Wenn der Kuchen zu schnell braun wird, decken Sie ihn während des Backens mit einem Stück Alufolie ab.

250 g Mehl
1 Päckchen Backpulver
50 g feiner Streuzucker
3 EL Süßstoffpulver
abgeriebene Schale von
1 unbehandelten Zitrone
2 Eier
2 Eigelb
175 g weiche leicht gesalzene
Halbfettbutter
Fett und Mehl für die Form
250 g kalorienarme
Schwarzkirschkonfitüre
oder 250 g Konditorcreme
(Seite 15, leichte Variante)
1 Eigelb, mit etwas Wasser
verquirlt

Das Mehl, das Backpulver, den Zucker, den Süßstoff und die Zitronenschale in einer Schüssel vermischen. Nacheinander die Eier, die Eigelbe und die Butter unterrühren. Den Teig zu einer Kugel formen, in Frischhaltefolie einschlagen und mind. 2 Std. im Kühlschrank ruhen lassen.
Den Teig in eine größere und eine kleinere Portion teilen. Mit der größeren Portion den Boden und den Rand einer gefetteten und mit Mehl bestäubten Springform (24 cm Durchmesser) auskleiden. Die Konditorcreme in die Mitte geben und gleichmäßig verstreichen. Den restlichen Teig mit den Händen plattdrücken, wie einen Deckel auf die Creme legen und am Rand der Form gut andrücken. Die Teigoberfläche mit dem Eigelb bestreichen und leicht mit einer Gabel einstechen.
Den Kuchen im vorgeheizten Backofen bei 200 °C (Umluft 180 °C) etwa 45 Min. backen, bis er goldbraun ist, dann aus dem Ofen nehmen und auskühlen lassen. Den Baskischen Kirschkuchen aus der Form nehmen und kalt servieren.

Sophies Tipp

Verfeinern Sie die Konditorcreme mit 2 EL Rum oder Amaretto oder geben Sie 1 TL Bittermandel-, Zitronen- oder Orangenaroma dazu.

3 Eier
100 g feiner Streuzucker
150 g Mehl
1/2 Päckchen Backpulver
150 g weiche leicht gesalzene Butter
400 g Maronencreme mit Vanille
(Feinkosthandel oder über das Internet)
3 EL Rum
Fett und Mehl für die Form

Die Eier in einer Schüssel mit dem Zucker verrühren. Das Mehl und das Backpulver untermischen. Die Butter, die Maronencreme und den Rum hinzufügen und alles gut vermengen.
Den Teig in eine gefettete und mit Mehl bestäubte Springform (24 cm Durchmesser) geben und den Kuchen im vorgeheizten Backofen bei 200 °C (Umluft 180 °C) etwa 35 Min. backen.

Sophies Tipp

Verfeinern Sie den Teig mit 6 kleingeschnittenen glasierten Maronen (Feinkosthandel).

Gâteau ardéchois*

Für 6 Portionen

6 Eier
3 EL Süßstoffpulver
150 g Mehl
1/2 Päckchen Backpulver
150 g weiche Halbfettbutter
300 g Maronencreme mit Vanille
(Feinkosthandel oder über das Internet)
3 EL Rum
Fett und Mehl für die Form

Die Eier in einer Schüssel mit dem Süßstoff verrühren.
Das Mehl und das Backpulver untermischen. Die Butter, die Maronencreme und den Rum hinzufügen und alles gut vermengen.
Den Teig in eine gefettete und mit Mehl bestäubte Springform (24 cm Durchmesser) geben und den Kuchen im vorgeheizten Backofen bei 200 °C (Umluft 180 °C) etwa 35 Min. backen.

Paris-Brest*

Für 8 Portionen

Für den Brandteig:
150 ml Wasser
100 ml Milch
100 g Butter
20 g feiner Streuzucker
1 Prise Salz
150 g feines Weizenmehl
4 Eier
1 Eigelb, mit etwas Wasser verquirlt
50 g Mandelblättchen

Für die Buttercreme:
125 g feiner Streuzucker
100 ml Wasser
3 Eigelb
250 g Butter
100 g gemahlener Krokant

Puderzucker zum Bestäuben

Aus sämtlichen Brandteigzutaten mit Ausnahme des Eigelbs und der Mandelstifte einen Teig nach dem Rezept auf Seite 11 zubereiten.
Den Teig in einen Spritzbeutel füllen und einen Ring von etwa 26 cm Durchmesser auf ein mit Backpapier ausgelegtes Backblech spritzen. Darauf einen zweiten und einen dritten Teigring spritzen. Die Ringe mit dem Eigelb bestreichen, mit den Mandelblättchen bestreuen und im vorgeheizten Backofen bei 220 °C (Umluft 200 °C) etwa 30 Min. backen, dann bei geöffneter Ofentür auskühlen lassen.
Für die Buttercreme den Zucker und das Wasser in einem Topf auf 118 °C erhitzen und zu einem dickflüssigen Sirup einkochen. Die Eigelbe in einer Schüssel schaumig schlagen und den Sirup nach und nach unterrühren, bis die Masse abgekühlt ist und ihr Volumen etwa verdoppelt hat. Die Butter und den Krokant unter ständigem Rühren nach und nach dazugeben.
Den Brandteigring vor dem Servieren mit einem Sägemesser waagerecht halbieren. Die Buttercreme mit einem Spritzbeutel auf die untere Hälfte spritzen und den oberen Teigring daraufsetzen. Das Gebäck mit Puderzucker bestäuben und kalt stellen.
Den Paris-Brest 1 Std. vor dem Servieren aus dem Kühlschrank nehmen.

Sophies Tipps

Sie können den gemahlenen Krokant auch durch Krokantsplitter ersetzen. Für die Zubereitung der Buttercreme empfehle ich die Verwendung eines Mixers.

Für den Brandteig:
150 ml Wasser
100 ml Milch (1,5 % Fett)
100 g Halbfettbutter
2 EL Süßstoffpulver
1 Prise Salz
150 g feines Weizenmehl
4 Eier
1 Eigelb, mit etwas Wasser verquirlt

Für die Crème Mousseline:
500 ml Milch (1,5 % Fett)
1 TL natürliches Vanillearoma
3 EL Süßstoffpulver
1 Ei
4 Eigelb
1 EL Mehl
3 EL Speisestärke
120 g Halbfettbutter
125 g gemahlener Krokant

Aus sämtlichen Brandteigzutaten mit Ausnahme des Eigelbs einen Teig nach dem Rezept auf Seite 11 zubereiten.
Den Teig in einen Spritzbeutel füllen und einen Ring von etwa 26 cm Durchmesser auf ein mit Backpapier ausgelegtes Backblech spritzen. Darauf einen zweiten und einen dritten Teigring spritzen. Die Ringe mit dem Eigelb bestreichen und im vorgeheizten Backofen bei 220 °C (Umluft 200 °C) etwa 30 Min. backen, dann bei geöffneter Ofentür auskühlen lassen.
In der Zwischenzeit aus sämtlichen Crème-Mousseline-Zutaten mit Ausnahme des Krokants eine Crème nach dem Rezept auf Seite 13 (leichte Variante) zubereiten. Die Crème abkühlen lassen und den Krokant unterrühren.
Den Brandteigring vor dem Servieren mit einem Sägemesser waagerecht halbieren. Die Crème Mousseline mit einem Spritzbeutel auf die untere Hälfte spritzen und den oberen Teigring daraufsetzen.
Den Paris-Brest kalt stellen und 1 Std. vor dem Servieren aus dem Kühlschrank nehmen.

Sophies Tipp

Sie können auch Paris-Brest*-Törtchen zubereiten, indem Sie 8 Teigringe von je 10 cm Durchmesser auf das Backblech spritzen.

150 g Puderzucker
150 g weiche Butter
200 g gemahlene Mandeln
2 Eier
2 EL brauner Rum
2 Platten backfertiger Blätterteig à 250 g
Wasser zum Bestreichen
1 getrocknete Dicke Bohne
1 Eigelb, mit etwas Wasser verquirlt

Den Puderzucker, die Butter, die Mandeln, die Eier und den Rum in einer Schüssel mit einem Holzkochlöffel verrühren.
Ein Backblech mit Backpapier auslegen und 1 Teigplatte darauf ausrollen.
Den Teigrand etwa 3 cm breit mit Wasser bestreichen.
Die Mandel-Creme auf dem Teig verteilen, dabei den Rand aussparen.
Die Bohne in den Teig drücken. Die zweite Teigplatte ausrollen, auf die Creme legen und die Ränder mit den Fingern sorgfältig zusammendrücken.
Die Teigoberfläche mit dem Eigelb bestreichen und mit einer Gabel leicht einritzen. Den Teig in der Mitte ein wenig einschneiden, damit er nicht zu sehr aufgeht.
Den Kuchen im vorgeheizten Backofen bei 220 °C (Umluft 200 °C) etwa 30 Min. goldbraun backen und warm oder kalt servieren.

Sophies Tipps

Wenn Ihr Kuchen noch stärker glänzen soll, bestreuen Sie ihn kurz vor Ende der Backzeit mit Puderzucker.
Verfeinern Sie die Mandel-Creme mit 100 g geschmolzener Bitterschokolade.

Galette des Rois*

Für 6–8 Portionen

3 EL Süßstoffpulver
150 g Halbfettbutter
200 g gemahlene Mandeln
3 Eier
2 EL brauner Rum
2 Platten fettreduzierter backfertiger Blätterteig à 250 g
Wasser zum Bestreichen
1 getrocknete Dicke Bohne
1 Eigelb, mit etwas Wasser verquirlt

Den Süßstoff, die Butter, die Mandeln, die Eier und den Rum in einer Schüssel mit einem Holzkochlöffel verrühren.
Ein Backblech mit Backpapier auslegen und 1 Teigplatte darauf ausrollen. Den Teigrand etwa 3 cm breit mit Wasser bestreichen.
Die Mandel-Creme auf dem Teig verteilen, dabei den Rand aussparen. Die Bohne in den Teig drücken. Die zweite Teigplatte ausrollen, auf die Creme legen und die Ränder mit den Fingern sorgfältig zusammendrücken.
Die Teigoberfläche mit dem Eigelb bestreichen und mit einer Gabel leicht einritzen. Den Teig in der Mitte ein wenig einschneiden, damit er nicht zu sehr aufgeht.
Den Kuchen im vorgeheizten Backofen bei 220 °C (Umluft 200 °C) etwa 30 Min. goldbraun backen und warm oder kalt servieren.

Sophies Tipps

Bereiten Sie den Teig für die Galette des Rois* vor und frieren Sie ihn bis zum Gebrauch ein. Wenn Sie es fruchtig mögen, belegen Sie die Mandel-Creme mit Apfel- oder Birnenspalten.

1 Portion backfertiger Mürbeteig oder Knuspriger Mürbeteig (Seite 10)
400 ml Milch
200 g Sahne
4 Eier
150 g feiner Streuzucker
½ TL gemahlene Vanille
80 g Vanillepudding-Pulver

Den Teig ausrollen, in eine mit Backpapier ausgelegte Tarteform (24 cm Durchmesser) geben und in den Kühlschrank stellen.
Die Milch in einem Topf mit der Sahne zum Kochen bringen.
Die Eier in einer Schüssel mit dem Zucker und der Vanille verrühren, dann das Puddingpulver untermengen. Die Milch-Sahne-Mischung unter ständigem Rühren nach und nach hinzufügen. Die Masse in den Topf zurückgießen, erneut erhitzen und so lange rühren, bis sie eindickt.
Die Creme auf dem Tarteboden verteilen und den Flan im vorgeheizten Backofen bei 200 °C (Umluft 180 °C) etwa 45 Min. backen. Den Flan parisien aus dem Ofen nehmen und auf einem Kuchengitter abkühlen lassen.

Sophies Tipp

Verfeinern Sie den Flan* mit 100 g entsteinten Pflaumen oder Kirschen.

Flan* parisien

Für 6–8 Portionen

1 Portion fettreduzierter backfertiger Mürbeteig oder Knuspriger Mürbeteig (Seite 10, leichte Variante)
400 ml Milch (1,5 % oder 0,5 % Fett)
200 g fettarme Sahne
1 Vanilleschote, aufgeschlitzt
6 Eier
4 EL Süßstoffpulver
80 g Vanillepudding-Pulver

Den Teig ausrollen, in eine mit Backpapier ausgelegte Tarteform (24 cm Durchmesser) geben und in den Kühlschrank stellen.
Die Milch in einem Topf mit der Sahne und der Vanilleschote aufkochen. Die Schote entfernen.
Die Eier in einer Schüssel mit dem Süßstoff verrühren, danach das Puddingpulver untermengen. Die Milch-Sahne-Mischung unter ständigem Rühren nach und nach hinzufügen. Die Masse in den Topf zurückgießen, erneut erhitzen und so lange rühren, bis sie eindickt.
Die Creme auf dem Tarteboden verteilen und den Flan im vorgeheizten Backofen bei 200 °C (Umluft 180 °C) etwa 45 Min. backen. Den Flan parisien aus dem Ofen nehmen und auf einem Kuchengitter abkühlen lassen.

Sophies Tipp

Noch besser schmeckt der Flan*, wenn er eiskalt serviert wird.

Bûche de Noël*

Für 8 Portionen

5 Eigelb
50 g feiner Streuzucker
2 EL Süßstoffpulver
150 g gemahlene Mandeln
50 g Mehl
5 Eiweiß

Für den Sirup:
5 EL Süßstoffpulver
200 ml Wasser
3 EL Whisky

Für die Creme:
300 g Süße Schlagsahne (Seite 15) oder
300 g kalorienreduzierte Sprühsahne
300 g ungesüßte Maronencreme (Feinkosthandel)

Für die Ganache*:
200 g Edelbitterschokolade (60 % Kakao)
150 g fettarme Sahne
40 g weiche Halbfettbutter

Die Eigelb in einer Schüssel mit dem Zucker und dem Süßstoff schaumig schlagen. Die Mandeln und das Mehl unterrühren. Die Eiweiße sehr steif schlagen und den Eischnee unter die Eigelb-Mandel-Masse heben. Den Teig auf einem mit Backpapier ausgelegten Backblech verteilen und im vorgeheizten Backofen bei 200 °C (Umluft 180 °C) etwa 10 Min. backen.

Für den Sirup den Süßstoff in einem Topf mit dem Wasser und dem Whisky bei geringer Hitze auflösen. Den Biskuitboden auf ein feuchtes Küchentuch stürzen und die Oberfläche mit dem Sirup bestreichen.

Für die Creme die Schlagsahne in einer Schüssel mit der Maronencreme vermischen. Den Biskuitboden mit der Creme bestreichen, vorsichtig zusammenrollen und kalt stellen.

Für die Ganache die Schokolade in Stücke brechen und in einem Topf mit der Sahne zum Kochen bringen. Den Topf vom Feuer nehmen und die Butter dazugeben.

Die Masse zu einer glatten Creme verrühren und abkühlen lassen.

Die Biskuitrolle mit der Ganache überziehen. Mit einer Gabel Rillen hineinziehen, um die Rinde eines Baumstamms anzudeuten.

4 Eigelb
125 g feiner Streuzucker
150 g gemahlene Mandeln
50 g Mehl
4 Eiweiß

Für den Sirup:
75 g Zucker
200 ml Wasser
3 EL Whisky

Für die Creme:
300 g Süße Schlagsahne
(Seite 14)
oder 300 g Sprühsahne
300 g Maronencreme
mit Vanille (Feinkosthandel
oder über das Internet)
6 glasierte Maronen (Feinkost-
handel oder über das Internet)

Für die Ganache*:
200 g Edelbitterschokolade
(60 % Kakao)
150 g Sahne
40 g weiche Butter

Die Eigelbe in einer Schüssel mit dem Zucker schaumig schlagen. Die Mandeln und das Mehl unterrühren. Die Eiweiße sehr steif schlagen und den Eischnee unter die Eigelb-Mandel-Masse heben. Den Teig auf einem mit Backpapier ausgelegten Backblech verteilen und im vorgeheizten Backofen bei 200 °C (Umluft 180 °C) etwa 10 Min. backen.
Für den Sirup den Zucker in einem Topf mit dem Wasser und dem Whisky bei geringer Hitze auflösen. Den Biskuitboden auf ein feuchtes Küchentuch stürzen und die Oberfläche mit dem Sirup bestreichen.
Für die Creme die Schlagsahne in einer Schüssel mit der Maronencreme vermischen. Den Biskuitboden mit der Creme bestreichen, mit den kleingeschnittenen Maronen bestreuen und vorsichtig zusammenrollen. Die Biskuitrolle kalt stellen.
Für die Ganache die Schokolade in Stücke brechen und in einem Topf mit der Sahne zum Kochen bringen. Den Topf vom Feuer nehmen und die Butter dazugeben. Die Masse zu einer glatten Creme verrühren und abkühlen lassen.
Die Biskuitrolle mit der Ganache überziehen. Mit einer Gabel Rillen hineinziehen, um die Rinde eines Baumstamms anzudeuten.

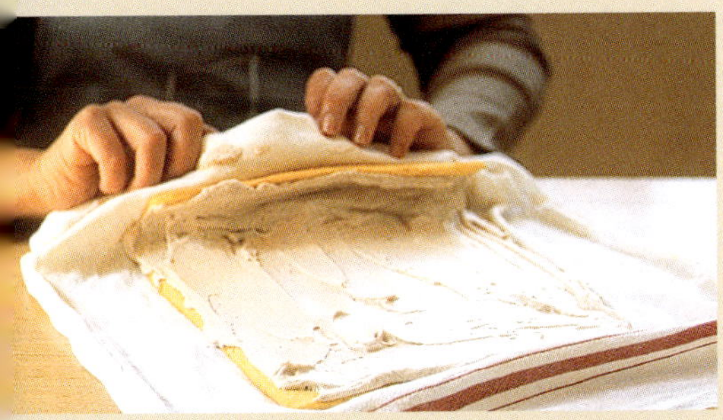

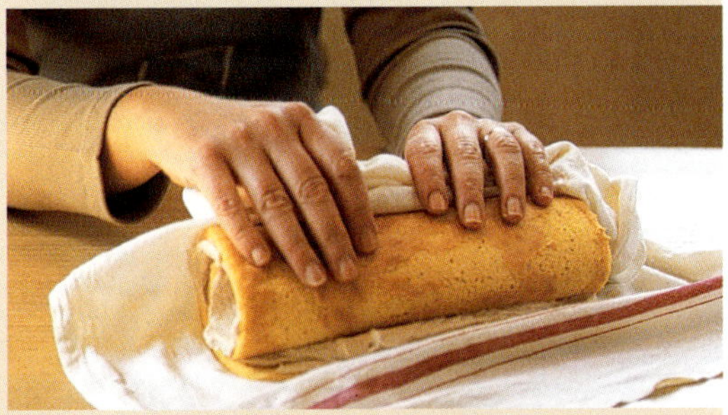

Sophies Tipp

Eine Biskuitrolle gelingt im Handumdrehen, wenn Sie den Biskuitboden mit einer Konfitüre Ihrer Wahl bestreichen und zusammenrollen.

Rezeptregister

Sophie Dudemaine
L'Art de Vivre Gourmand

Entdecken Sie Sophies kulinarische Welt:
ihre Kochbücher, ihre Rezepte, ihre Tipps, ihre Kochkurse,
ihre Feinschmeckerprodukte und ihr behagliches Landhotel in der Normandie.

www.lamaisondesophie.com

Sophie Dudemaine
La Maison de Sophie
F-14950 Saint-Étienne-la-Thillaye
Tel.: 0033-02 31 65 69 97

Kleine Warenkunde

Baba au rhum ist ein mit Rum getränkter Hefeteignapfkuchen.

Brioche ist ein butterreiches, leicht gesüßtes Hefegebäck.

Bûche de Noël ist ein Weihnachtsgebäck, das in Frankreich traditionell als Dessert an Heiligabend serviert wird.

Cannelé ist eine Gebäckspezialität aus Bordeaux. Ihr Name leitet sich von dem Wort für »Rille« her.

Carambar ist der Name eines französischen Karamellriegels und leitet sich von den Wörtern »caramel« (Karamell) und »barre« (Riegel) her.

Coulis ist ein flüssiges Mus oder feines Püree aus Früchten, das Desserts verfeinert.

Crème épaisse ist ein Sauermilcherzeugnis, das meist nur im Feinkosthandel erhältlich ist. Es kann durch Crème double oder Schmand ersetzt werden.

Éclair ist ein längliches, gefülltes und glasiertes Gebäck aus Brandteig.

Far breton ist eine puddingartige, mit Trockenpflaumen gefüllte Speise aus der Bretagne, die im Ofen gebacken wird.

Financier ist ein kastenförmiges französisches Kleingebäck.

Flan ist die inkorrekte Bezeichnung für eine im Wasserbad gestockte Creme auf Ei-Basis.

Flognarde bezeichnet einen Kuchen aus Crêpeteig, der über Früchte gegossen wird. Die traditionelle Variante mit Kirschen wird allerdings »Clafoutis« genannt.

Galette des Rois heißt die französische Variante des Dreikönigskuchens, der eine Bohne enthält, die den Finder für einen Tag zum »König« macht.

Ganache ist eine Creme, die zum Füllen von Gebäck und Pralinen sowie zum Überziehen von Kuchen und Torten benutzt wird.

Gâteau ardéchois ist ein Maronenkuchen aus dem französischen Département Ardèche.

Glace plombières ist der Name einer Eiscreme mit kandierten Früchten und Kirschwasser.

Granité nennt man eine Eisspezialität, die während des Gefrierens gerührt wird, damit eine ebenmäßige Textur entsteht.

Madeleines sind in Form einer länglichen Muschel gebackene, lothringische Plätzchen.

Marquise au Chocolat ist eine geeiste Schaumspeise aus Schokolade.

Paris-Brest ist ein mit Creme gefülltes Brandteiggebäck, das nach dem gleichnamigen Radrennen benannt wurde und in seiner Form an Rennräder erinnern soll.

Petit Suisse ist ein in Frankreich und der Schweiz beliebter süß-säuerlicher Frischkäse aus Kuhmilch und Sahne. Als Ersatz bietet sich ungesalzener Frischkäse an.

Pineau des Charentes ist ein süßer Aperitif aus Wein und Cognac.

Poiré ist ein vergorener Birnenmost.

Religieuses ist die Bezeichnung für ein französisches Brandteiggebäck, das deutschen Windbeuteln ähnelt.

Teurgoule ist eine Süßspeise aus der Normandie, die ihren Namen dem französischen Ausdruck »se tordre la goule« (sich den Mund verrenken) verdankt.

Viergewürzpulver (franz. quatre Épices) ist eine traditionelle französische Gewürzmischung aus Pfeffer, Muskat, Nelke und Zimt.

Mein herzlicher Dank gilt

dem gesamten Minerva-Team für sein Vertrauen und sein Engagement.
meiner Fotografin Françoise und meiner Food Stylistin Catherine, die meine Rezepte so wunderbar in Szene gesetzt haben.
meiner Mutter und meinem Vater, die die Lust am guten Essen an mich weitergegeben haben und meine größten Fans sind.
meinem Bruder Ludovic, der die Kochbücher seiner Schwester sammelt und ausschließlich nach ihren Rezepten kocht.
Jean-Marie und Denis Chalet für das Testen der zuckerfreien Rezepte.
Marie-Claire für ihre Geduld und ihre wertvolle Mitarbeit.
Frédérique Delbos für die kunstvolle Gestaltung des Geschirrs für La Maison de Sophie.
meinem Mann Jacki, dessen Liebe ich Tag für Tag genieße.
den Firmen KitchenAid, Revol, Le Creuset, Strosser… für ihre qualitativ hochwertigen Produkte, die mir meine Arbeit enorm erleichtern.
den Firmen Lindt, Francine, Lesieur…, die sich jeden Tag aufs Neue bemühen, ihren Kunden gute Produkte zu liefern.

meinen Kindern Ambre, Ophélie und Johann. Ihnen widme ich jedes meiner Bücher, damit auch sie eines Tages ihren Kindern die Freude am Kochen weitergeben.

Danksagung

Catherine Madani möchte sich herzlich bei all jenen bedanken, die Geschirr und Tischdekorationen für die Fotos unentgeltlich zur Verfügung gestellt haben:

Au fil des couleurs (Seite 24, 27, 28, 34, 43, 44, 69, 73, 101, 123) • Itinéraires (Seite 39, 70) • Maisons du monde (Seite 28, 31, 46, 55, 65, 88, 94, 108, 116, 118) • Sentou (Seite 46, 74, 116) • Vogica boutique (Seite 74) • Designer's Guild (Seite 20, 39, 61, 65, 70, 83, 85, 97, 124, 129, 134) • Deshoulières (Seite 20, 43, 44, 48, 79, 101, 104, 134) • Baccarat (Seite 83, 94) • Conran Shop (Seite 97, 129, 134) • Sabre (Seite 41, 48, 66) • Quartz (Seite 43, 56, 65, 69, 79) • Christofle (Seite 73, 112) • Revol (Seite 62, 85, 98)